ひきこもる人と歩む

青木道忠・関山美子・高垣忠一郎・藤本文朗〔編著〕

新日本出版社

はじめに

この本は「ひきこもり」といわれる人々の家族同士が手をつなぎ、よりそい、心がほっとする時間が少しでも増えるようにとの願いを込めて、当事者の家族と支援者によってつくられました。

第1部は、ひきこもりの人を抱える親が、わが子（といっても二〇～五〇歳ぐらい）の悩みや愚痴、時には喜びのエピソードをつづりました。

つづられたそれぞれの事例は、きわめて個人的なもので、安易に一般化されるものではもちろんありませんが、ひきこもりという状態をどのようにとらえるのかという視点も交えて読んでいただければ、この問題を考えるための有益なヒントも見えてくるのではないかと思っています。

第2部では、ひきこもりの人やその家族を支援してきたカウンセラー、支援者、スクールソーシャルワーカー、精神科医の方々に執筆していただきました。

この本の特徴は、親と支援者と専門家が各々の立場で、ともに語り、学び、悩みあいながら時間をかけて作り上げた「集団執筆による一冊」だということです。二〇一四年三月から、今回執筆したメンバーが、毎月一回は京都に集まって、さまざまな話し合いを重ねてきました（編集会議と呼んできました）。親は、「これだけ長い文章をこれまでに書いたことがないのでどうなることやら……」「これまでの親子関係を振り返り、文字にすることはとても大変な作業だ！」など、さまざまな思いが語られました。支援者からのさまざまなアドバイスをいただきながらの編集会議は、学びの多い場となりました。

専門的なアドバイスも含めひきこもる人を取り巻く制度や地域の仕組みをどうとらえ、どう考えて、どう変えていけるのか？——そのことを中心に据えて話し合いと執筆作業を進めてきました。その結果、私たちは「ひきこもりは決して個人や家族の責任によるものではなく社会的な背景を映し出すものである」と強く感じています。また、その対処の仕方についても、そういう観点に立って、親や当事者の思いを受け止めながら長年にわたり試行錯誤を続けてきたさまざまな分野の支援者や専門家の存在を知ることができました。

本書を通して、悩みも痛みも共有できる家族や支援者が手をつなぎ、勇気と元気をもって前に進みたいとの思いを、少しでもお伝えできれば幸いです。

二〇一五年一月

藤本文朗

目　次

はじめに　3

第1部　ひきこもる人の家族の思い　9

あの時間をどう過ごしたか　平池純子　10

ケーキ作りや家事労働をする中で社会参加　西村啓子　33

自分たちだけで抱え込むのは限界が……　佐藤涼子　50

「父はつらいよ！」――まだまだ迷走中　佐藤　隆　67

「不登校・ひきこもりを考える親の会」をつくって　大塚和子　81

「四七歳のひきこもり」のわが子のこと　川本太郎　88

第2部　サポートする立場で考えること　103

第1章　生みの苦しみとしての「ひきこもり」　高垣忠一郎　104

1　「第二の誕生」の生みの苦しみ　104
2　親たちのレポートから　106
3　「第二の誕生」と「競争原理」の支配する「高速道路」　108
4　「具合」と「加減」と「呼吸」を体得する時間　111
5　企業戦士の父親たち、そして日本のありよう　113

第2章　当事者自身から学ぶ支援のあり方——支援の現場から　青木道忠　118

1　不登校やひきこもる人たちから学んだ支援の基本的視点　119
2　その人の状況・段階に応じた支援と大切にしたいこと　124
3　権利を保障する立場で　139

第3章　高校を拠点としてできること　井口真紀　141
――スクールソーシャルワーカーから
1　高校は悩むところ――進級と卒業をめざして　142
2　転校しても悩みはつきない　143
3　卒業しても悩みはつきない　144
4　卒業してもサポートできるよ　146
5　そんな中で考えること　150
6　高校を足がかりにして行政にできること　153
第4章　ひきこもり支援の歩みと課題　古庄　健　155
1　行政によるひきこもり支援の動向　155
2　民間によるひきこもり支援の現状　158
3　官民共同ひきこもり地域支援ネットワークの取り組み　164
4　ひきこもり支援の全国組織の役割　167
5　ひきこもり家族会と親の関わり　172

第5章　精神医学の立場から　石澤卓夫　176

1　ひきこもりと医療　176
2　「ひきこもり」の状態に関連する精神疾患　179
3　思春期妄想症とは　180
4　統合失調症とは　182
5　強迫性障害とは　187
6　精神科、心療内科治療で用いられる薬剤はどのように効くか　190
7　精神科、心療内科を受診するにあたって大切なことの一つ　192
おわりに——親の願いと支援の理念　199

本書の執筆者名は一部仮名です。

第1部　ひきこもる人の家族の思い

あの時間をどう過ごしたか

平池純子

長い　長い　夏の夜

あの夜
自宅の玄関前に、二台の救急車が停まった。

次男が電話で呼んだ。

一台目の車に、長男を乗せた。

二台目の車は、電話の様子を聞いて心配した、救急隊員が、手配してくれたものだった。

次男は
「俺は、大丈夫だ！」と言った。

少しの時間といくつかの会話が夜空に吸い込まれていった。

次男はやはり、「俺は大丈夫だ！」と繰り返していた。

二台目の救急車は、隊員の不安だけを乗せて、帰って行った。


そのあとだった。

次男は、体をぶるぶると震わせながら、「あいつをなんとかしてくれ……」と、絞り出すように言った。


私は、長女に「次男を頼む」と言い置いて、長男のいる車に乗り込んだ。

「わかった。ここにいるから……だいじょうぶ」

長女の声は、しっかりとして、温かかった。


救急病院までの道のりは、途方もなく長かった。

時折、救急隊員と長男が、言葉をかわしていたような気はしたが、言葉は、空を飛んでいた。

きっかけは、人から見たら、ありふれた兄弟げんか。
けれど、それは、おおよそ五年以上にわたる、ピリピリとした時間を大人の私が、見て見ぬふりをして、やり過ごしてきた危うい、緊張の均衡が崩れた、「必然」の出来事だった。

そう……
この夜は、「必然の時」「嵐の夜」

自宅に残してきた二人がやはり心配で、
私が、私とは別れた子どもたちの父親に、助けを求めてしまった夜。
「私のようなものが育てていたから、こんなふうになってご迷惑をかけてすみませんが、助けてください！」と……。
冷静に、子どもたちを助けてくれた、「子どもたちの父親」に感謝した夜。

とうとう来た！
前に進むための鬼さんに見つかった！
逃げるな！　逃げるな！

もう、「綱渡り」の綱は、切れたぞ！
「わたしのこども」ではなく、
ひとりひとりを、解き放て！
逃げるな！　逃げるな！
もう、「鳥かご」は、小さすぎるぞ！
自分自身も、解き放て！
「ひとり」で、ちゃんと、生きていけ！

私の中で、そんな言葉が、夜露とともに渦巻いていた。


二週間後に、次男はアパートを見つけて、引っ越していった。

（安い、安いアパートで妥協してくれた）

三週間後に、長女もアパートを見つけて、引っ越していった。

（畑の真ん中だが、いい部屋だった）

長男は、「僕は、今はまだ、ひとり暮らしをする自信がないからここにいたい」とその時、はっきり、言った。

「今はまだ」……

「今の次」が、きっとあるんだと確信できた。
あれ以来、一度も三人が一緒に顔を合わすことがないのが、気がかりの種。
でも、今度は私が言おう……「だいじょうぶ、ここにいるから……」

私は、子どもがひきこもり始めた当初、「なんでうちの子が?」「自分の子育てが間違っていたのだ!」と自分を責めて苦しみました。でも、この数年間の子どもたちの変化や出会った多くの方々の力で「この問題は、決して自分一人で解決する問題ではない」ということに気づかされました。あらためて、「自分の時間を振り返ってみよう」と思いました。最も苦しかったけれど、「大きく一歩踏み出せたかな?」と思えるエピソードを記したのが右の詩です。

五人家族だった頃のこと、その終わり

長女が誕生したのは、一九八七年の春のことでした。核家族化が急激に進行して、周りは両親や祖父母などと同居している世帯はほとんどありませんでした。もちろん、私も同様でしたから何から何まで初めての経験で、不安になることばかりでした。出産予定の病院で知り合った妊娠中のお

母さんたちとの交流は、貴重な情報源でした。

生まれてきた後の育児書で最もはやっていたのは、当時小児科医の毛利子来《たねき》氏が書かれたものでした。詳細まではよく覚えていませんが、「ほめて育てる」「欠点を指摘するのでなく、いいところをほめれば子どもは伸びる」という中身だったように記憶しています。

長女は、二回の流産の末、ようやく生まれて来てくれた子だったので、それはそれは大事に育てました。その後、一九八九年に長男、一九九二年に次男が誕生して、私は「人生の絶頂期」を味わう日々が続きます。

当時はやっていたアニメーションは、「セーラームーン」「〇〇レンジャー」というヒーロー物、そして、忘れてならないのが「アンパンマン」と「ドラえもん」です。いずれも、「強きをくじき、弱きを助ける」内容で、一緒に見ていてもほのぼのと安心できるものでした。

三人とも絵本が大好きで、当時は、文章を暗記してしまうくらい読み聞かせをさせられたものですが、それは、お互いにとって楽しい時間でした。

季節の行事も欠かしませんでした。正月はだいたい実家で過ごし、二月は夫が鬼役になって豆まき大会などなど……、夏休みにはキャンプにも行きました。近所の子どもたちが毎日のように遊びに来ていました。

世の中は、バブル崩壊の直後の時期だったかと思いますが、まだまだ「正社員」が当たり前で、子どもたちには「人並みに仕事について、独立していけるよう頑張って勉強させよう！　将来の職業の選択肢を少しでも増やすために、基礎学力だけは身につけさせよう！」と、どこの親御さんも一生懸命で（もちろん私もその中の一人でした）、夫の反対をよそに、わが家も、いくつかの習い事をさせていました。

空回り「子育て奮戦記」

そんな中、次男が二歳を少し過ぎたころに、訳あって私たち夫婦は離別することになり、気の強い私が三人の子どもたちを引き取ることになりました。

小学校に入学する直前の長女が、ベランダで泣いていた私に、自分で入れたコーヒーを持ってきて「夕焼けがきれいだから泣かないで……」と言ってくれたこと（その時の夕焼けが赤と紫にぼやけて、本当に美しかったこと）、長男は居間で正座をして涙をこらえながら「僕たちが、もっといい子になったら、いつか父ちゃんは帰って来てくれるのか？」と聞いたこと、言葉の遅かった二歳の次男がようやっとの片言で、「今度、おっとうは、いつ来る？」と問うたことが、今でも鮮明に思い出されます。

三人三様、年齢に合わせた反応に重責を感じながらも、「おっとうとおっかあが、話し合って決めたんだ。大人の勝手で申し訳ないけど、おっとうは、この家にはもう来ない。おっかあの旦那さんはいなくなるけど、お前たちのおっとうは、おっとうだから……、この家には、いなくなるけどおっとうはおっとうだから……」と、その日、三人の子どもたちに「宣言」したのでした。

夫がいなくなってからしばらくの間は、料理を作りすぎたり、些細《ささい》なことで精神状態が不安定になり、理由もなく子どもたちを叱ったりと、荒れた日々が続きました。そのたびに、自分も納得をして決めたことなのに、いつまでも動揺している自分に腹が立って仕方ありませんでした。

ある年の「母の日」のことです。次男を保育園にお迎えに行ったら、画用紙が筒状に丸められてかわいいピンクのリボンが結んであります。「母ちゃんを描いたぞ！」と言って手渡されました。ウキウキしながらリボンをほどこうとした時、そばにいた保育士さんが「お母さん、一人で頑張りすぎないでね……」とそっと声をかけてくれました。リボンをほどいた次の瞬間、その言葉の意味が、すぐにわかりました。なんと黒一色のクレヨンで大きな角と牙を持ち、長いとがった爪をはやした怪獣が描かれていたのです。

その場は笑ってやり過ごしましたが、「もう一人で三人の面倒を見るのは、限界なんだ！」と実感して、幸いまだ元気でいる私の両親に「子育てＳＯＳ」を出しました。それまでも時折、手伝いには来てくれていましたが、実は、そのたびに「いつＳＯＳを出してくれるだろうか？　いつでも、同居する覚悟はできているのになあ」と思っていたと、後になって教えられました。

その後は、少し心の余裕もできて、子ども会や学童保育、ＰＴＡの役員会にも参加して私自身の友人の輪が広がっていきました。何人ものお子さんたちやお母さんたちと連れ立って、いろいろなところに出かけて行ったのもこの頃からです。長女が小学三年生、長男が一年生になっていました。

あの絵で心を伝えてくれた、次男には感謝の気持ちでいっぱいです。

ところで、この頃から、長男の遊び方に少しだけ変化がみられるようになりました。もちろん、外遊びもしましたし、お友達ともかかわっていました。けれど、一人遊びをするときは、折紙をセロテープで止めて、その面積を広げていきながら、大きな迷路を作っていくことに夢中になり始めたのです。

とうとう、学校に行かなくなった……

長女が中学三年生、長男が一年生、次男が小学四年生になったころ、私は、仕事にかこつけて、毎日のように遅い帰宅を繰り返していました。受験期と反抗期の重なった長女との関係は最悪で、長男はテレビゲームに明け暮れ、次男は私の両親にべったりで、私は自宅の中に「自分の居場所」が見つけられなくなっていました。子どもたちと顔を合わすのが、嫌だったのかもしれません。そして、口を開けば「勉強しているの？」としか言わない母親になっていました。これで、子どもたちといい関係が結べるはずもありません。

そんなある日、私の両親の、私に対する怒りが爆発します。

「現実から逃げるんじゃない！　一人親は大変だろうが、自分の役割をちゃんと見つめ直せ！お前と子どもたちのために、もう、僕たちは、僕たちの家に帰る！」

そう言って、風のように実家に帰ってしまいました。当時は、何と理不尽な二人だろうと筋違いな「恨み」を感じながらも、「自分でまいた種は自分で刈り取らなければいけないな」と覚悟を決めて、久々の四人での生活を再スタートさせました。

教育現場では「ゆとり教育」が始まっていました。週休二日制は当たり前で、時間の使い方は各々の家庭に任されていました。プレイステーションというインターネットゲームが、出回り始めたのもこの頃だったと思います。加えて高校入試では、長女の年代から「特色化選抜」という方式が導入されて、中学三年生全体が不安の渦に包まれていました。長女はその不安の真った だ中で、第一志望校を「特色化選抜」で受験して、落ちました。その後、それこそ泣きながら、第一志望校を諦めて第二志望校を受験することになりました。

長男は、姉のそんな苦しみを自分は経験したくないとでもいうように、ネットゲームをする時間がどんどん増えていきました。週一回だった休みが二回になり、三回になり、四回になり……。

そして、中学二年生の九月二二日から、ぱったりと学校に行かなくなってしまいました。おそらく「勉強しろ！」と言い続ける私の必要以上の期待と「受験戦争」という、この国がつくり上げた弱肉強食の価値観から逃げ出したのだろうと、今からみれば思うことができます。

長男はその後、自室にこもり迷路の中で「旅」を続けていました。友人が訪ねて来ても、担任の先生が訪ねて来ても、ドアの前に家具を並べて中に入れようとはしませんでした。時には、長女が何とかして学校に行ってもらおうとして、体を張って大喧嘩をしてくれたこともありましたが、外に出ることはありませんでした。

次男は、「なんで兄ちゃんはあんなになっちまったんだ！　お前は仕事、仕事って言って家にいないくせに、兄ちゃんには『勉強しろ！』って、無理ばかりさせたからじゃないか！」と、私への反発を強めつつ、「やんちゃ」を繰り返すようになりました。学校に呼び出されたり、菓子折りを持って謝りに回ったりしていました。

長女は、第二志望で入学した高校生活にあまりなじめなかったのか、長男への働きかけでエネルギーを使いすぎてしまったのか、欠席する日が増えて進級できるかどうかのギリギリまで出席率が低下してしまいました。職場の駐車場についたとたんに「今日も来ていません」と呼び出される日が続きました。

流れた時間の「重さ」が襲う、新たな時間

中学校の担任や校長、同級生の力を借りて、長男は、なんと、中学校の卒業式には出席することができました。ところで当時の私は、「卒業式に参加した後の長男の進路」のことまで考える余裕はとてもありませんでした。

この間の何度かの自宅訪問の中などで、実は、担任の先生が本人と話し合いを繰り返して、「通信制高校に進学する」という本人の意思を確認してくださっていました。無事に迎えた卒業式の後、

私も含めた三人で最終確認をして、入学手続きを進めることとなりました。本人にとって、「卒業後のやること」が見えてきたのは、大きなできごとだったと思います。「学校」と「先生」の存在の大切さにあらためて触れた思いでした。

その年の四月には、晴れて通信制の高校に入学することになりました。私は、もう、頭の上に張り巡らされていた大きな霧がようやく晴れたような軽い心地に包まれました。先生方や同級生に心から感謝しました（先生方や同級生のきめの細かい、優しいかかわりについては次項「私を支えてくれた、人、物、言葉」でもふれます）。

ところが、ことは、そう簡単には進みませんでした。長男は半年もしないうちに、「自分の行きたい時にだけ、行けばよい」という、通信制の高校にすら、通えなくなってしまいます。

その間、長女は、大学受験のために何時間も塾などに通い（高校には、あまり通っていませんでしたが大学受験のために必要だと思っていたところには、積極的に通っていました）、次男は、部活を頑張りながら、中学校に通い続けていました。

冒頭紹介した「嵐の夜」に次男に言われたことですが、不登校だった長男のためにずっと「お前の兄ちゃんダメな奴じゃん！」というような「いじめ」に遭っていたそうです。「姉ちゃんも、あんまり学校にも行ってなかったし、俺まで学校に行かなくなったら母ちゃんが、どうなるかと思って頑張ってたんだよ！　いつも兄ちゃんの方ばっかり大事にしてよー！」と、震えながら叫ばれたことが、今でも脳裏に焼きついています。おそらく、「体を張って大喧嘩をしてくれた」長女も、同じ思いだったことでしょう。

当時の私は、「何とか長男が外に出て、自活できる人に育ってほしい！」ということばかり考えていたのでしょう。三人ともに同じように、私なりの愛情を注いできたつもりでも、それを受け取る側の感想はまちまちで、一つ目の通信制の高校に通いきれず、二つ目の通信制高校に通い少し元気が出てきた長男に対して、長女と次男の評価は、私の思いとは裏腹に、どんどん厳しくなっていきました。

「自分たちは頑張ってる！　ゲームばかりやって、人を苦しめて、なんでそんな奴が、普通にめし食って、守られているんだ！」二人のそんな「苦しさ」が聞こえてくるような時間が続きました。その緊張が、一気に壊れていったのが、「嵐の夜」のできごとでした。

それはさておき、母親として、もっと現実的に苦しかったのは、経済的な問題です。通信制高校の授業料は、行くか行かないかにかかわらず、年間一二〇万円を超えました。途中で学校を変わったので、半年間ほどは、二重に支払う必要がありました。姉弟の教育費（無事に大学入学を果たした長女の入学金・授業料が、また多額でした）や生活費の出費を合わせると、膨大な金額となり目が回りそうでしたが、約束通り支払われている「養育費」にどれだけ救われたことかわかりません。

二〇一四年度から「高等学校等就学支援金制度」が新設されています（文部科学省ホームページ「高校生などへの修学支援」で検索）。このような制度ができて、本当に良かったと思います。

余談になりますが、長女は最終的には「自分には合わない！」と大学を辞めました。しばらくの間、アルバイトをしながら、自らが行きたいと決めた専門学校に進学し、そこで取得した資格を生かして、今は、親の私が言うのも照れくさいですが、かっこいい社会人になっています。

私を支えてくれた、人、物、言葉

私をここまで支えてくれたのは、私の三人の子どもたちそのものであることはまぎれもない事実です。けれど、その子育てに悩みつまずいた時、今思うと本当に多くの方々に支えられていたと実感する日々です。ここでは、それらのいくつかを、心からの感謝をこめて、残しておきたいと思います。

〈長女が小学校一年の時の担任T先生より〉夫と離別をして間もなくの入学で、私自身は不安の真っただ中にいました。そんな心を反映してか長女もどこか不安げで、「保健室登校の日」が続いたことがありました。連絡帳には毎日のように自分の悩みや子育てに対する不安を書き綴っていました。いつも、丁寧なお返事をいただきどれだけ勇気づけられたことかわかりません。そんな中でも、ある日、「お母さんがそんなにおろおろしていてどうするのですか？『子どもは社会の宝』です。お子さんはお母さんだけのものではありません。私たち教師を信じて、周りの人をもっと信じて、みんなで子どもたちを育てていきましょう！」と、いつもより大きな文字できっぱりと書かれていました。

〈次男が中学校三年の時の担任N先生より〉「このままで大丈夫だろうか？　私はどうすればいいだろうか？」と、おそらく涙ながらに相談したところ「大丈夫、大丈夫！　あいつはいいやつですよ！　実にやさしいしね！　三〇年くらい前の時代に生きていれば、彼のような男が、間違いなくヒーローだよ。この国の若者がなくしてしまったいいところを、全部持っているような子ですよ。安心して下さい」と……。どんな指導や慰めよりも心が洗われました。

〈はじめて長男の「不登校・ひきこもり状態」を相談した精神保健福祉士Aさんより〉ぱったりと学校に行かなくなり始めて一〇日経った頃、私は、居ても立ってもいられない気分で、心療内科クリニックで精神保健福祉士として勤務する先輩Aさんの職場を訪ねました。しばらく話を聞いてくれた後……。「焦ってはいけない、長引くと思ったほうがいいよ。一カ月とか二カ月、ましてや、『明日は、思い立って学校に行くかもしれない！』などとは考えないほうがいい。年単位、七年、八年とかかるかもしれない。手は出さないで、じっくり彼の背中を見つめていてやればいい。そのうち、彼のペースがわかってくる。時間がかかっても、自分から動き出すのをじっと待つ。ただし、何かの信号を出したら、それをきちんと受け止めて、的確に反応する目と構えを持つことは必要だよ。特に体のことだけは、気遣ってあげること。姿勢が悪くなったり、健康診断に行く機会もないからね。まずは、そこからだけでもやってみたらいい。ただし、自分がお酒を飲んでいるときは、話しかけないこと！」とのことでした。

しばらく、最後の二行だけを実行していたら、数カ月後に「頭が痛いから、病院に連れて行ってほしい」と自分から言い出したのです。この後、定期受診が実現しました。

〈長男を毎日のように迎えに来てくれた小・中学校の同級生N君〉彼が来てくれていなかったら、もっと早く学校に行けなくなっていたでしょうし、今の長男の生活はなかったかもしれません。全く学校に行けなくなってからも、毎日のように玄関先に来て、チャイムを鳴らし、「やっぱり行けないみたいだよ……ありがとね！」と伝えると、何も言わず、でも次の日もまたそっと、同じ行為を繰り返してくれました。時には、情けなさそうにうなだれて涙を流してくれていた時もありました。

通信制の高校に通い始めた時、長男が真っ先に電話をかけた相手が彼だったことを知った時の温かい気持ちを、今でも忘れることはありません。友達っていいものです。

〈中学校卒業式の日まで、働きかけ続けてくれた担任のM先生・校長先生〉長男がぱったりと学校に行けなくなったその時から、二週間に一度必ず届く葉書がありました。それは校長先生からの時勢を告げるさりげない内容のものでした。長男がそれを読んでいたかどうかはわかりませんが、私にとっては、長男と学校・外界を繋ぐ大切なパイプのように思えてなりませんでした。その葉書は卒業式を迎える日まで続けて送られてきました。

合わせて、担任の先生も何度か足を運んで下さり、卒業式に出るまでの彼を後押ししてくれました。卒業アルバムの写真を撮りに外に連れ出してくれました。久々に身に着けた制服は、少し窮屈に見えましたが、着た切り雀のトレーナーを脱いで、着替えた瞬間でした。

〈「とうとうひきこもったか！」と言いながら心配してくれていた元職場の上司Iさん〉Iさんは、精神科病棟の看護師長を務めたことのある方でした。ほとんどお会いすることはなくなっていましたが、噂を聞きつけてか、電話をいただきました。

「調子はどうだ？ 子どもたちは、何をやっているかな？」との問いに、「長女と次男は、何とか学校に通っていますが、長男は何にもしていません。ゲームばかりしています」と返答すると、「おっ、すごいじゃないか！ そんなに長い時間ゲームをやっているのか！ すごい集中力だ！ 何もやってないわけじゃないんだから、きっと、何か別のこともやり始めるさ！ じゃあ、焦るなよ！」と、それだけ言って、電話は切れたのでした。一瞬の会話でしたが、「そういう見方もできるのか」と、少し心が柔らかくなったような気がしたのでした。

仕事の「現場」で感じること

私の仕事は、多くの高齢者の皆様の生活上の相談を受けるものです。そんな中で、驚くほど多くの「働いていない稼働年齢層の同居者」がいることに気づかされました。特にデータを取ったわけではありませんが、ここ数年は「珍しいことではない」というのが実感です。多くの場合は「介護のために仕事を辞めた」という理由のようですが、もともと何らかの障害があって仕事には就けず、どちらかというと元気なうちはご両親がこのお子さんたちを守ってきたけれども、その力がなくなり逆にご自分たちが「要介護者」になられたというケースもあります。

また、少し前までは仕事に行っていたけれども、リストラに遭い自宅にいるようになった息子さん、大学は卒業したけれども職に就けず、自宅に戻ってきたというお孫さん、職場の人間関係に疲れて自宅にこもっているという娘さんらに出会うこともあります。

雇用が不安定な今の世の中を映し出しているようなできごとだと思います。また、職場内においても、疲労の蓄積により、半年前までは元気に通勤していたのに、仕事に来れなくなってしまったという仲間もいます（さまざまな職場で、このような話をよく聞きます）。

長女はすでに二〇代後半の年齢に入りましたが、高校生当時、「正社員になれると思っている同級生なんて、ほとんどいないよ。派遣会社に入れればましなほうだってみんなで話しているよ」と言っていたことをあらためて思い出しています。あれから数年、ますます住みにくい、生きにくい世の中に向かって突き進んでいるように思えてなりません。

さて、ひきこもっていた長男に「主体性」が身についたのは、冒頭の「救急車騒動」をきっかけにして受診した病院で出会った医者からの一言でした。それは、「もしかしたら何らかの発達障害があるかもしれないから地域の発達支援センターに行ってみてはどうか?」という提案でした。

長男と私は、この提案を受け入れました。そして、そのセンターの紹介で、その後通院先となった心療内科クリニックの主治医とつながることができたのです。

その主治医からは初め、「明らかな発達障害とはいえませんが、本人なりの『生きづらさ』を感じているようですから、しばらく通院を続けてみましょう」と提案されました。通院開始から二年弱……長男の中の「主体性」が、芽吹いてくれたようです。自分で専門学校を選び手続きもして、通うようになりました。その後も、本人の意思で本人の必要に応じて、主治医のもとを訪ねているようですが、「本人が必要だと思う通院」が、途切れてしまわないことを願っています。

そして、今の長男の言葉

たまたま、私のいとこと二人で、居酒屋さんに行った時のことです。遠く離れたところに住むいとことは久々の再会で二人ともが嬉しくて、饒舌《じょうぜつ》になっていました。その勢いを借りて、私は長男と次のようなやりとりをしました。
私「なんで、学校に行かなくなったの？」
長男「まあ……学校に行くよりゲームのほうが楽しかったからねえ」
私「そうかあ……でもさあ、みんなは学校行ってて、休んでいた時の気持ちって、どんなだったの？」
長男「そりゃあ、不安でいっぱいだったよ。これから先、どうなるのかなあって、ずっと、不安だったなあ。本当に、これから先が……。でも、最近の友達の話なんかを聞いたりすると、誰にも過ごせない時間を過ごすことができたんだなあとも思うよ。あの時しか、あんな時間の使い方は、できなかったと思う。もちろん、これから先も……。ただ、時間通りに過ごした友達が、大学まで行っても就きたい仕事に就けていなかったり、今になって、何をやっていいかわからない人がいたりで、今は、あの時間は、必要だったと考えられる」
私「そう思えることは、大事だね。でもどうやって、その、それだけ好きなことから、抜け出せたの？」
長男「まあ、人に恵まれていたってことかなあ……父親の協力もあったし、友達もつかず離れず、なんとなくいてくれたし、こうやってやさしい親戚もいてくれるし（笑）」
私「そっかあ。やっぱり、人の力ってすごいよね～。ところで、姉弟とは会えてないけど、そのことは、どう思っているの？」

長男「とりあえず、『お互い様』だったと思っている」

その時、「二人ともすごくお前のことを心配してくれていたし、傷ついたり、苦しんでいたんだよ。それだけは、忘れないでね」と、つい、口をついて出てしまいました。本当は、本人自身がそのことに気づくまで待つべきだったと思って口数の多い自分を反省しています。

それから約一年後となる二〇一四年の冬、長男は二つめの専門学校の一年生でした。「自分の自立観について書くレポートの課題が出た。書いてみたから読んでみて」と渡された文章の一部を本人の了解を得て紹介しておきます（原文のまま抜粋）。

「生活の中での人との関わり」

まず、私は、二五年の人生の内、約五分の一の五年間を、世間的には「引きこもり」や「ニート」と呼ばれるような生活をしてきた。その生活の中では、社会的な生産は何も無く、また、家族以外の社会との繋がりも極めて狭い範囲でしか存在していなかった。そして、当時の私は、自分には人間社会での役割は全く無いものだと常に思い込み、それがますます私を人間社会から孤立させていく枷《かせ》として私の気持ちを重くしていったのである。

幸い、生きていく上での衣食住、そして、有り余る時間を埋めるための娯楽、この四点は親の厚い庇護の下、特に不自由なく満たされていた。むしろ、当時の方が、自立感を得ている今より我慢をせずに良いものが手に入っていたように思う。

しかし、当時と今とを比べ、圧倒的に当時には無かったものがある。それが生活の中での人との関わりである。そして、この生活の中での人との関わりこそが、今の自分を幸福感に導いてくれるものであり、自身を自立している状態へと保てる支えなのである。

最近になって内閣府から出された「ひきこもり支援者読本」を読む機会がありました。そこでは、その原因を「発達障害」に特化しようとしている様子がうかがえます。もう一方では、仮にひきこもり状態、あるいは、自活できない状態が長期化した場合は、社会保障制度に頼らずに「親の責任」で財産を使い果たせば、何とかなるだろうということが、フィナンシャルプランナーまで登場させて「懇切丁寧」に説明されています。

いずれも、「ひきこもり」の問題を、親や当事者も含めて、「自己責任」で片づけてしまおうとしているような気がしてなりませんでした。当事者の親としては疑問と怒りを禁じえません。

本来なら、「どのような状態である人々」でも社会保障に位置づけて、その生活を社会的に守られるべきだと私は思います。確かに、「不登校から一時期ひきこもりの子を持った」私の体験は、離婚も含めて「個別特有」の問題かもしれません。以前の私は、夫だった人や両親を恨みながら、でも結局は、「それもこれも、みんな自分のせいなんだ……」と、自分を責め続けていました。

けれど、この間の経験をもとに、不登校やひきこもりの問題は、教育環境（政策）・社会環境（政策）が、大きく影響していると思うようになりました。

「どうしてこんなに、生きづらい人々が増えてしまったんだろう?」

「どうしたら、誰もが自分らしくのびのびと生きていけるんだろ?」

そんなことを真剣に考えながら、私は、私の人生の主人公として、しっかり歩んでいきたいと思います。


（ひらいけ　じゅんこ）

ケーキ作りや家事労働をする中で社会参加

西村啓子

ここに書く息子は二人兄弟の次男、現在三六歳の〝社会的ひきこもり〟です。赤ちゃんの頃から人見知りがきつく、新しい環境に入っていくのが苦手で、バスで迎えに来る幼稚園には行けそうになかったので、親が送って行き子どもが納得するまでそばについていてもよいという、個人の小さな幼稚園（モンテッソーリの「こどもの家」）に通いました。幼稚園・小学校の時、転勤や転居で環境が変わり、学校に行けない時期（登校拒否）もありました。中学校ではさみだれ登校から再び登校拒否に、高校は通信制をあえぎながら卒業しました。高校卒業後は専門学校を勧めたりしましたが心動かずでした。「進学しないなら就職を……」と追い詰めていましたが、それもできないまま家にいました。

今まで一度も外で働いたことはなく、今は、家事労働とお菓子作り（注文を受けた時と自分が食べたい時に作る）と長時間パソコンに向き合う毎日です。外出は、自転車で行けるところは一人で出かけたり、自分のほしいものを買いにいったりはしています。私はほとんど毎日、買い物や用事で出かけることが多く、あまり出かけない息子を車での買い物に誘って外へ出るチャンスをつくるようにしています。息子から外食に行こうと言った時は、必ず一緒に行っています。時に、長男夫婦と一緒に行きたがる時もあり、そんな時は長男夫婦も協力的につき合ってくれ、四人で外食をすることもあります。

ある日、パウンドケーキを

私に代わり本格的に家事労働をするようになったきっかけは、約九年前、息子が二七歳の時、夫が癌《がん》の末期で入院したことです。癌宣告を受けた時、私は息子たちに「お父さんは余命三カ月。みんなで、できるだけのことをしてあげたいので、協力してほしい」と、緊迫した状態で伝えました。私が毎日病院に泊まり込み、家事ができない状態になったので、息子は自分から簡単な料理や洗濯をし始めました。

夫は二カ月半で亡くなりました。その後、私の仕事に従事する時間が長くなるにつれ、自然と息子の家事分担が増えていき、家事手伝いから家事労働となっていきました。家事労働を自分の役割分担として意識してほしいという思いと、年齢は大人なのにお小遣いをもらうというのも抵抗があるだろうと、家事労働に対する給与や一時金を渡すことにしました。時には残業で遅い帰宅になっても、食事がすぐに食べられる状態になっているのは、本当にありがたく、心から感謝の言葉(「ありがとう」「帰ったらあったかいご飯をすぐに食べられるのは、本当に助かる……」)が素直に出ました。

あるとき、自分が食べたかったのか、パソコンでレシピをみてパウンドケーキを焼いていました。私も洋菓子が好きなので喜んで食べ、上手に焼けたお菓子を称賛しました。思いもしなかった息子の新しい挑戦（お菓子作り）に大いに驚嘆し、その思いをそのまま言葉にして（「お菓子の焼ける匂いっていいいねぇ。気持ちが幸せになるね」と）伝えました。いつからか、よい言葉やうれしい気持ち、頼る思いを出し惜しみせず、できるだけたくさん伝えようと心がけています。その後も時々、種類の違うパウンドケーキや難しいケーキに挑戦していました。

近くの親しい友だちにケーキのおすそ分けをすると、たいへん励みになる称賛の言葉を返してくれました。そして少し経った頃、「ケーキを売ったらいいのに……」という、うれしく意外な言葉をもらいました。そして、「職場の人にもあげたいので、パウンドケーキを三本焼いてもらえない？」と言ってお客様第一号になってくれました。息子のお菓子を焼く回数が増え私の姉たちや友だち、登校拒否を克服する会（親の交流会）の世話人会、職場など、人が集まるところに持参して試食をしてもらい、同時に励みになる言葉をもらいました。

一〇〇人の人に食べてもらった時に「一〇〇人もの人に食べてもらったなんてすごいことやね」と心から伝えました。その後、息子を見守ってくれている私の姉たちや親しい友だちの注文をもらって、マイペースで細々と焼き、少しですが、生まれて初めて〝稼ぐ〟という行為ができました。

最初は自分の納得のいく焼き上がりにならない時もあり、そんな時は徹夜で納得のいくまで焼き直し精神的に随分参っている時もありました。そんな時はイライラして顔つきも変わり、かなりの追い詰められたパニック状態になって、もうお菓子作りはやめるのかなあと内心、心配もしましたが、少しずつ焼けるお菓子の種類も増えていきました。

二〇一二年の「登校拒否・不登校問題全国のつどい」に参加する際に、息子の焼いたお菓子を渡したい方が参加されるので、いくつか持参しました。分科会で息子がお菓子を焼いていて、私の友だちや姉たちに買ってもらっていることを話したら、そこに参加されていた相談員のK先生やお母さん方がその場で注文を下さり、思いもしなかったうれしい展開がありました。帰宅してたくさんの注文にプレッシャーを感じながらも（注文のお菓子は、息子のペースでゆっくり送ってもらえばよいという、あたたかい注文でしたが）、一度に何とかぜんぶ焼き上げました。そのあとは、今までこんなにたくさん焼いたこともなく、「焼かねば……」という精神的に追い込まれた状態で焼いていたので、随分疲れたようでした。

この経験はかなりきつかったようですが、息子の中には心身の疲労と共に達成感もあったのではないかと思います。その時に注文を下さった方々は、リピーターになって下さり、K先生は、青年の自立支援活動の一つとして、お菓子の注文書を作っていろいろな方々から注文をとってくださっています。息子のペースで無理なく焼けるように、ほしい個数分の注文書をもらって焼くというやり方で今に至っています。今のところ、息子はパティシエに専念、私は営業・事務・お菓子の味見係で、「この生地はしっとりしておいしいね」「これならデパートで売っている〇〇のお菓子に負けないよ。でも、これは味に深みが足りないなぁ、もう一味ほしいなぁ」「味はいいけど、もうちょっと焼き色が付いている方がおいしそうに見えるよ」と、感想を言ったりしています。そして、焼き立てのケーキやクッキーを試食できる役得も享受しています。

この先、これがどのように展開するのかしないのか、まったく未知数ですが、夫が亡くなった後、家事労働をしながら家の中での生活力を身につけ、この二年間の自宅での新米パティシエの経験は、消えることのない小さな宝物だと思っています。今はまだ、K先生に注文書をメールで依頼したり、お菓子の箱の中に入れる（買ってくださった方への）お礼のメッセージカードを書いたり、ゆうパックで郵便局に出しに行くのは私の仕事です。送り先は、一〇以上の都道府県に及んでいます。そしてありがたいことに、あたたかいお客さまばかりで、丁寧な感想やお礼のハガキをいただいたりしています。数名の方は私の携帯に、うれしいメッセージのメールを下さったり……。

それらは息子にとって大変、励みとなり自信につながることと思います。たくさんの支援者（お菓子のお客さま）の方々からいただく温かいメッセージは、私までうれしく心満たされています。今のところ、それらは仲介役の私を通してですが、息子は自分の焼くお菓子を通して、息子に向けてのメッセージ（思い）を受け、息子はその方たちのことを（たぶん）心の中にイメージで存在させ、時に、些細なことがらですが思いを馳《は》せることがあるようです。それによって間接的ではありますが、社会との細いパイプが形成されているのかなぁと思っています。

登校拒否からひきこもりとなった経緯

私の息子は小学校二年生のとき、転居に伴う転校後、さみだれ登校から不登校となりました。当時は、まだ今ほど〝不登校〟〝登校拒否〟という言葉が私自身や若い担任の先生にとって、身近なものではなかったので、学校も親も適切な対応がわからず、子どもは大変つらい思いをしたことと思います。

親は、「学校へ行かねばならない、学校は行くものだ」と思い込んでいましたので、不登校の状態を受け入れることができず、ただただ学校へ行かせることばかり考えていました。闇の中にいた私は、子どものしんどさをわからず、自分のしんどさで頭の中はいっぱいでした。してはいけないといわれている登校刺激——強引に連れて行く、叱咤激励《しったげきれい》、脅しなど——をいろいろした結果、私は心身共に疲れ果て（息子は私以上に疲れ果てていたことと思います）、自分の中から力が抜けていった後、そのとき初めて、学校に行っていないという状態から出発するしかないと観念した記憶があります。

学校の先生のアドバイスもあり、学校を休ませることになりました。登校刺激をしなくなっても親の気持ちは晴れないままで、家の中で子どもと二人でいる空気は決して軽いものではなく、子どもにとって居心地のよいものではなかったと思います。その間、学校で紹介された堺市教育科学研究所で親はカウンセリング、子どもは箱庭、プレイセラピーにとりくみました。

しかしだんだん子どもはそこにも行きたがらなくなり、無理に連れて行くのもしんどくなって途中でやめました。しばらくどこにも関わらず家で悶々《もんもん》としていました。ただその間、私は親の交流会にときどき参加していました。小学校三年生の担任、M先生のよい対応が、父親やクラスの子どもたちのよい動きにつながり、二学期から私と一緒に登校して、教室に入って自分の席で授業を受けることができるようになりました。

M先生は、最初は子どものペースに合わせ午前中だけの登校で始めさせてくださいました。やがて息子はクラスに慣れ、少人数のグループで給食を食べたり、掃除も一緒にすることもできるようになりました。

最初は私も毎日登校して教室の後ろの隅で椅子に座らせてもらい、子どもの不安が小さくなってきたら、隣の空き教室で待機するようにさせてもらいました。そこで給食も毎日違うメンバーの少人数で一緒にいただき、休み時間は寄ってきてくれる子どもたちと一緒に遊んだりでき、私もクラスの子どもたちとも仲よくなりました。お陰で子どもは安心できる仲よしの友だちができ、毎日元気に遊び回っていました。

M先生のあたたかくおおらかな配慮のおかげで、ゆっくりクラスに溶けこむことができ、仲よしの友だちと遊びこむことで元気になりました。この時、友だち、子どもたちの力のすごさと、〝子どもは子どもの中で育つ〟を実感しました。

息子は六年生の一学期頃、地域の子供会の行事（ソフトボール大会）に参加するため積極的に近所の年下の友だちを誘い、練習も休まず行っていました。ところが、地域の少年野球のコーチをしているお父さんが時々、好意で練習に立ち会い指導をされていて、六年生で体も大きいわが子を鍛えようとしてくださり（少々口調もきつく、トレーニングの回数も多かったようで）、それがスポーツの得意ではない息子には負担だったようで、練習に参加できなくなりました。それが引き金になったのかどうかわかりませんが、体調が悪くなり再び学校を休む日が多くなり、小学校卒業までほとんど休んでいました。

二度目の不登校は、親にとって大変ショックで、特に父親は歯がゆくて、もろにその感情を出していました。仕事から帰ってきた時、憔悴《しょうすい》しきった子どもの状態を見る目も厳しく、時にひどい言葉を投げかけたりということもありました。わが子が学校へ行っていない状態を、自分の中に受け入れるしんどさを持ちきれず、そのような言葉を息子に発したのだと思いますが、家の中の空気は今、思い出しても耐えがたく重いものでした。

食べることが好きで、本来食欲旺盛な息子は、その時期、少しの納豆ごはんとポテトチップしか食べられなくなっていました。毎日、つらそうな表情で横になりながら漫画を読むことで自分を保っていたようです。ペットボトルに入れたお茶を放せず常にそばに置いていました。少々ふっくら気味のがっちりした体は、ガリガリになり不眠や頭痛、気分の悪さを訴えました。何とかしてやらねばと、近くの大学病院の精神神経科を受診しました。病名は「心身症」で、軽い薬を二種類出され、一緒にカウンセリングに通いました。その大学病院の診察室は、一部カーテンで仕切られた向こうに、三名の研修生が並んでこちらを向いて立っている足元が見えている状況でした。そんな中でのカウンセリングは、親子ともども緊張の連続でほっとするものはもらえませんでした。カウンセリングも薬も合わない気がして行かなくなりました。体は徐々に回復しましたが学校にはほとんど行けませんでした。

中学校は最初、さみだれ登校でしたが、だんだん登校できなくなり、三年生になると試験のときのみ保健室で試験を受けて帰宅するというものでした。学校にほとんど行ってなくとも、学校からや親からも進学の話を持ちかけられ、近くの塾に短期ですが自分で行くことを決めてほとんど休まず行きました。塾の講師は大学生のお兄さんで、人見知りの強い息子でも安心できる優しい好青年のようでした。

高校は自分から全日制は行けないといって、府立の通信制高校に入学しました。この頃、M病院で登校拒否の相談をされているT先生のカウンセリングを受け始めました。講演会でT先生のお話を何度か聞いたことがあり、親の交流会での信望も厚く、藁《わら》をもつかむ思いで受診希望を訴え、受けてもらえることになりました。子どものことでカウンセリングを受け始めたのですが、途中からは自分のため（自分が楽になるため）に通っていました。自分の内面と向き合う作業を、あたたかく見守ってもらいつつも、時に辛口の言葉を返され、そこでいろいろ（子どもの思いを本当にはわかっていないため、建前で向きあっていたこと、感情レベルではなく頭だけで理解していたことなど）気づかされました。

通信制高校に入学当初は、バスや電車に乗れず、週二・三回のスクーリングに行くのもなかなかたいへんでしたが、あえぎながら何とか卒業しました。その後一年のブランクがあり、ある日、本屋さんで自分で見つけてきたビクター音楽カレッジの一つのコース（週一回の一年間）に通うようになりました。

そこも修了し、登校刺激の必要はなくなりましたが、今度は、社会に出て働くのが普通という、今までの自分の中での常識が頭をもたげ、時に就労刺激をしていました。わが子がどこにも所属せずに家にいることは、親にとって大変不安でした。学校や会社……など、どこかに所属してほしかったのです。当時、家の中での手伝い——食器洗い、お風呂掃除、私が留守を頼んだ時の食事作り——はしていましたが……。学齢期の時に心の底では、消えることのなかった〝学校に行ってほしい〟という気持ちと同じく、当時、心の中では、〝外での就労をしてほしい〟という気持ちはずっと存在し続けていました。学齢期には、後に学んだ〝してはいけない登校刺激〟を一通りやったあと、外からの刺激をどんなにしても駄目なのだと気づかされたにもかかわらず、次は、就労刺激を与えていました。それが息子の行動につながらないのを見て、やはりまだ無理かなぁと思って自分の気持ちを収めたりしながらも、焦りの中で懲《こ》りずにそのようなことを繰り返していました。

気がかりなこと

親は高齢になり、いつどうなってもおかしくない年齢のため、息子が一人で生きていかねばならなくなった時の生活を考えると、明るい展望をもてず、どうしても悲惨な姿を考えてしまいます。親の死後、ないよりはありがたい福祉制度の恩恵をどのくらい受けることができるのか、このような諸々の情報や知恵を知り、申請手続きを自分からできるのか、自分でできない場合、人に自分から頼むことができるのか……など、心配しても仕方のないことを（頭でわかっていても）ぬぐい去ることができず、いつも心の底に不安と心配が存在しています。最悪のケース――一人で生き延びる知恵、力がなく人に助けを求めることもできず、孤独の中で悲惨な思いの人生（死んだらおしまいという）を選ぶかもしれない――と思ったりしてしまいます。自分の中に不安が肥大する時には、それも子どもが自分で選択することなので、そこまで想像してもまったく無駄なことだと、自分に言い聞かせ気持ちを収めています。

私は一年前に定年退職し、私一人の生活でも不足の年金の中から、将来息子が国民年金を受給する際に少しでも多くの年金を受給できるようにしておきたいと、息子の国民年金の掛け金を払っています。息子が国民年金を受給するころは、親はこの世にいませんが、たくさんある諸々の心配を一つでも二つでも少なくすることで、ほんの少しでも安心材料を自分の中につくっておきたいと日々考えてしまいます。息子の一日の生活はパソコンに向き合っている時間が一番長く、いつの間にかこの状態に慣れてしまい、生の人間の刺激に対する恐怖が強くなってしまわないかと秘かに心配しています。

今、できること・望むこと

何年もの間、時々、見えない不安が湧き起こり、揺れてはそういう自分をなだめ、「今」を維持してきました。そんな時、登校拒否のどん底にいる時の、さんざんもがいた揚句《あげく》に気づいた「今のこの子から出発しないと動けない」というあの気づきを思い出しています。やはり、基本は同じで「今のこのまま」を認め、あたたかい眼差しで向き合っていくことで、息子の心をしなやかにし、外の世界を踏みしめることができる時がくるかもしれないという望みをもって生きています（いつもいつも、こんなにお行儀のよい心の状態で生きているわけではありませんが）。

時々、息子がパソコンに向き合っている後ろ姿や、リビングで気持ちよさそうにうたた寝をしている顔を見ていると、将来（親がいなくなった後）の息子の寂しさとつらさを想像して、私の心は迷子になり、ぎゅっと抱きしめてやりたいという衝動に駆られることもあります。将来、息子は自分の力でお金を稼ぎ（収入を得て）生活しているのか、それとも定職に就けていない孤独な生活をしているのかわかりませんが、どちらにしても生きていくうえにおいて、自分の中によい体験やほんわかとした思いが、たくさんあることは強みではないかと思います。そう思うと、息子が今をどのように過ごし、私との生活をいかに過ごすかが問われてきます。

少しのお金を残すことができても、それがなくなればおしまいです。できることならお金を超えるものを、心の中に残してやりたいと思っています。物理的にどのような環境・境遇になっても、自分の存在を堂々と認める力を持っていてほしい、そして、人間としてのプライドを……。

また、自分の心の中に最低一人でも（いつもそばにいなくても、また、現存していない人でも）、自分にとって大切な人が生き続けてほしいと思います。そして生きていることがおもしろいと思える、自分の納得の人生を生きてほしいと……。今の、私と二人の生活が、何年かのちに一人で生活するときの、心のつっかい棒になってくれたらという希望を遠慮がちにもっています。いつの日にか今の生活から脱して、外の人との生の関わりの中で感じる諸々の素晴らしい感情――温もり、うれしさ、感謝、優しさ、わくわく感、ときめき感、恋愛――を経験してほしいと願っています。

私はどちらかというと外に出ることが好きな方なので、地域を子ども・助けを必要とする人・ひきこもり・高齢者が生活しやすい町にすることに関わること、また、同じ悩みを持つ親たちが集い手をつなぎ、誰もが住みよい社会にしていく動きができたらと思っています。単独で動くことはしんどく、形になりにくいですが、多数で動けば、子どもにとってのなにかよいことができるかも知れません。少しでも住みよい地域・社会を作ることは、ひいては親の安心にもつながることと思います。

登校拒否のときもそうでしたが、ひきこもりの息子の状態を特に隠すこともなく、人と話している中で息子のことを聞かれたら、息子は何も悪いことをしているわけではありませんので、私はそのままを話しています。そうすることで協力的になってくださることが多々あります。親がわが子の〝ひきこもり〟状態に縛られず、親は親のペースで広く外と交わることは、親子にとってよい情報を知ったり、間接的であっても子どもにとって風通しがよくなり、風と共に何かいいものが入ってくるかも知れません。

子どもがひきこもり状態でいる限り、いつも心のどこかに消えることのない将来の不安は重くありますが、それをバネにして同じような思いを持つ多くの家族・当事者が心と手をつなぎ、心の小窓からはいつも青空が見える――そんな小窓を持って、今を丁寧に凛《りん》として（願望です）生きていけたらと願っています。

夢の町づくりに

息子ではなく、私の半歩が思いもしなかった出会いから始まりました。私の住む泉北ニュータウン（大阪府堺市）も急速に少子高齢化が進み、深刻な問題となっています。気がつけば子どもの姿はまばらで、自分を含め高齢者の姿の方が多く目にします。

二〇一三年の退職後、何年もゆっくり地域を歩いていなかったので、昼間の地域見物のような感じで、子どもが小さかったころの景色を浮かべながら、懐かしさをもってぶらぶらと歩いてみました。昔の活気ある景色はどこにもなく、その時はたまたま地域の集会所で集まりを持っていた老人会が元気な感じを受けました。わが家の近所の高齢者と話をしていると、足腰が痛く重い物を持てないため、買い物に行ってもお米を買ってこれない、粗大ごみも出せない、植込みの剪定《せんてい》もできない、草を抜くのも（腰をかがめることができないため）大変……とのことです。

そのような話を息子に伝え、〝困っている時は力を貸してあげてね〟というと、すんなりと〝うん〟。普段は、隣近所の方とほとんど言葉を交わすこともなく、人の気配を感じると庭の見えないところに移動して、顔を合わすことも避けていますが、息子の口から出た〝うん〟の言葉は、見えなかった内面の少しばかりの変化・成長に気づかせてくれました。

ある猛暑の時、お向かいのゴミ置場の掃除当番の日に、「こんな暑い時に掃除したら熱中症になるから、お隣りやお向かいの分もしてあげたらいいんちがうんか」と、息子から私に（自分が私と一緒に代わりにしてあげてもよいという）意思表示がありました。実際は、先方が遠慮されお役には立てずでしたが。

あるとき私は、テレビで「子どもの貧困」に関する番組を見て、何かできないか、地域の元気な高齢者がちょっとしたサポートをする、子育ては親だけではなく地域で育てることができれば、よいコミュニティーも生まれ、住みよい町になるのでは……、という思いをもちました。そんな時、タイミングよく〝市長とのタウンミーティング〟が近くでありました。そのような場所には、初参加でしたが私の中の構想を市の力で実現してほしいと、勇気を出して発言しました。

たまたま、その場に参加していた地域の自治連合会長Nさんが、帰り際に声を掛けてくださり〝今、地域でそのような構想を考えていて、来年あたりに実行したいと思っているので、ゆっくりお話をしたい〟と私の発言に関心を示してくださいました。

別の日にお話を聞いていたら、Nさんは少子高齢化の進んだ地元を何とかしなければとの積極的な考えの持ち主でした。数年前からNさんは地域で設立発起人となりNPO法人「助け合いネットワーク」の活動をされています。Nさんは来年度から取り組みたいと思っている新しい事業、未就学児の子育て支援活動を、私にやってほしいとのことでした。先日、堺市に申請書を出し、結果待ちです。

この活動に関わる中で、できればNさんと相談して社会福祉協議会の協力も得て高齢者の需要と地域の若者の力の供給を、地域通貨を介して結びつけ、新しいコミュニティーが生まれたらとの展望を持っています。NさんはNPOがやっているレストランでの、息子のお菓子の販売を考えてみましょうとも言ってくださり、息子に伝えるとOKの返事が返ってきました。まずは親から地域に関わり、できることから前向きに地道に動いていきたいと思います。

このような思いが展開して、今、堺市も関わる〝町おこしのワークショップ〟に参加し、地域レベルではなく泉北ニュータウン全体で取り組む町おこしグループで構想を練っています。町おこしには欠かせないコミュニティーや働く場をつくっていく中で、若者を自然な形で巻き込んでいければ……という夢を描いています。

（にしむら　けいこ）

自分たちだけで抱え込むのは限界が……

佐藤涼子

わが家の家族構成は、主人、主人の母、長男、長女、次男、私の六人です（同居していた主人の父は二〇〇四年に亡くなっています）。

二〇一四年現在で、長男二七歳、長女二四歳、次男二二歳です。二〇〇三年の六月中頃に当時中学三年生だった長男は、自律神経失調症で体調を崩して、通院生活が始まり、そこから不登校になりました。

以前からいじめを受けていた当時小学六年生だった長女も、同じ年の九月に、そして当時小学四年生だった次男までもが、同じ年の一一月から不登校になりました。あまりにも突然のことで、当時は何が起きたのか理解できずに苦しみしかありませんでした。

日々の生活のために夫婦ともに勤めていました。「こんなにあなたたちのために頑張っているのに……」と思うと、動かない子どもたちに対して腹が立つくらいでした。この頃の私は、子どもたちのことを見ているつもりが見えていない、わかっているつもりが全くわかっていないことに気づいていませんでした。親からしたら突然に見えても、子ども一人ひとりは、ずっと苦しんだり追い詰められたりしているのでしょう。それまでに発していたはずのSOSに全く気づかないまま、慌ただしく生活していたのです。

子どもの歩みと学校生活の問題

私たち家族は、滋賀県長浜市の中でも北の端に住んでいます。小学校は子どもが少ないためどの学年も単級です。ある教師から言葉の暴力を受けてクラスで笑いものにされたり、墨池《ぼくち》で頭を殴られたり、ちょっとしたトラブルがあっても、長男からは話を聞かずに、相手の話だけを聞いて全て長男が悪いと言われていたようです。その先生に見下されてからは、人からバカにされたり仲間はずれにされることが多かったようです。同級生だけでなく、他学年の生徒からも内情を知らないまま、バカにされていたのかもしれないです。

また、長男は生まれつき腸が弱くて、朝食を食べてからトイレをすませていても、学校でも行きたくなる体質でした。それを面白がって、上級生からトイレを覗《のぞ》かれたり、くさいと言われていたそうです。そのことで学校に話しに行きましたら、初めての話し合いの時は子どもの担任が出張でおられず、上級生の担任に話しました。「朝トイレに行ってから登校させてください。日常生活がしっかりしてないのも原因ではないか?」などと言われました。子どもの体質を理解してもらえないことに疑問を感じましたが、何も言えないままでした。

しかし、かくいう私も、慌ただしい生活で、長男にしっかり目を向けられていなかったと思います。こんなに屈辱的な小学校だったのに、長男はずっと言わずに我慢してきていたのです。限界になり初めて話してくれました。「もう明日から学校は行かない。やめる」というので、よくよく話を聞いて、トイレを覗かれていることや、人からバカにされていることを知って、すぐに担任や関わりのある先生方との話し合いに行きました。そこで言われたことは「お子さんと、やった子どもたちの話に食い違いがあり、何ともしようがありません。お子さんは〇回以上覗かれたといってますが、他の子たちがいう回数と合わなくて……、どちらかが嘘を言っていると思います」と上級生の担任がまじめに話されました。が、私はそれを聞き「問題はそこなんですか?」と不信感がわきました。覗いた回数ではなくて、一回でもそういうことをしたら問題視してもらいたかったです。

結局、子どもにも私たちにもそれ以降、話はありませんでした。今から思えば、長男は、この頃から、親に対しても学校に対しても、自分を守ってくれる人はないと感じたのかもしれません。

それからはまた自分を抑えて、無理しながらも休まずに、学校生活を送ってくれました。ですが、このころからチック症状が出始めました。

不登校の苦悩

中学二年の二月に、友達三人で遊ぼうと移動していたところに、たまたま荒れていた上級生五人ほどが通りがかり、長男だけが一人拉致されました。ただ、ある上級生と「顔が似ている」というだけの理由だったそうです。その頃の中学はとても荒れていて、全く面識もない上級生たちでした。そのできごとのあと、事情を知らない同級生などから、面白半分で「あいつは怖がりで弱いからやってしまえ」的なことを言われて笑われたらしいです。同級生から受けた二次被害の方が傷ついたと言っていました。

それ以降、価値観や人に対する見方が変わってしまったようです。三年生の五月くらいから体調不良を訴えて、六月には階段が上れないと言ったので、初めて通院しました。

通院二カ月目くらいの時に、病院で私の知人と出会いました。そこのお子さんは不登校で、県の心の教育相談センター北部教室に通われていました。「長男さんもどう?」と言われた時、うちは不登校ではなくて病気なんだと言いたい思いが強かったです。でも、自分の目先だけの思いで聞かないのはダメだと思い、長男にどうしたいかを聞きましたら、「行ってみたい」と言ったので、大津の相談窓口まで行き、北部教室に通えるだけの手続きをしました。ずっと家にいてもいづらそうでしたから、自分の体調に合わせて行ける所があるありがたさを感じました。

そこは先生方、同じ立場の仲間、そして教育学部在学中の大学生で、不登校に関心のある人が、大学の課題の一つとして関わりに来てくださっていました。みなさんとの関わりを通して少し明るくなりました。小学生の後半で出てきたチック症状も、あまり気にならないくらいになってきました。そこにはカウンセリングもあり、私だけでなく、主人の両親もカウンセリングを受けに行ってくれました。

高校進学に向けての情報はここの先生から教えてもらいました。受験勉強はここで出会った大学生に、家庭教師として来てもらいました。

いろんな方の支えをもらって高校に進学しましたが、極度の緊張状態のままで、無理して通っているのは明らかでした。一年のゴールデンウィーク明けからまた行けなくなりました。高校に入学してほっとしたところなのに、また子どもが不登校になったことがつらくて苦しくて、親も本当に孤独でした。二年の夏に、同じような子を持つお母さんと知り合いました。お互いに話し合ったり、共感して一緒に泣いてくれる人がいる大きな安心感を感じて、何ともいえない感覚でした。その人とは二年間ほどメールでの交換日記をしました。私にはとても貴重な時間であり経験でした。

私が子どものことで取り乱さなくなり、自分は自分、子どもは子どもの人生なんだと思えはじめた頃くらいに、気がつくと、子どもたちの表情も穏やかになってきていました。今まで自分では話しているつもりだった、言葉がけの内容に疑問を持ったり、子どものためだと思ってやってきたことを思い出しながら、本当の意味ではわかっていなかった自分に気がついて、今までとは違う意味で落ち込みました。そのことを子どもたちに話したら、それを承知で我慢してくれていたり、「(私が言うことも)全くの間違いじゃないし」との思いから納得してくれたりしていたことに、過去の自分の傲慢《ごうまん》さを恥ずかしく思いました。

認識のズレ

長男が落ち着いているときに、本当に素直な気持ちから質問してみました。「学校嫌いじゃないのに、なんで行かへんの？」「あのな、そういうことは面と向かって聞くものじゃないって知らんか？……自分でもなんでかなんて答えれへんけど……。おかんが、過去やって思い込んでることは、俺にしたら現在も苦しんでいて、まだ過去じゃないんやってことを理解できてないやろ？」などという答えが返ってきて、本当にびっくりしました。

私には数年も前の過去なのに、長男には今も人を信じられなかったり、知らない人からいつ何をされるかわからない不安や、葛藤《かっとう》で苦しんでいることに気づかないまま、私だけが過去のこととして生きていたことに唖然《あぜん》としました。それからも、長男が落ち着いているときに、人とのかかわりの難しさや、怖さ、電車になぜ乗れないかなどの思いや気持ちを、小出しに教えてくれるので、何度衝撃を受けたかしれません。ほんの少しの事実や思いを話してもらえると、それまで見えなかったことがうっすらとでも見えてくるようになりました。ですから、子どもの行動を素直に受け取れるようになれたと思います。それとともに、知らないことからくる不安要素が減り、ずいぶん安心できたと思います。

学校は大切だから行った方がいいけれど、子どもの心を壊してまで行く所だとは思えなくなりました。「心が健康になり、自分が何かしてみたいと思えたら動けるのではないか?」漠然とですが、そう感じられました。

高校への登校は、三年生の後半まではほとんど行かないままでしたが、後半からなぜか、演劇部の大道具小道具係になり、部活に参加するために登校しはじめました。いろんな物を作り上げて、楽しい一年間を過ごしていたようです。四年（単位制でしたから、六年間は在学可能な高校でした）の時に高等学校卒業程度認定試験（高認験）を受けて、進学できるようにした後、三月末で高校を中退しました。いつまでも高校にはいられないのと、高認験を取れたので進学はできるという安易な考えもあったと思います。

不登校になってからずっと「行かなければならないと知っていても、行けないつらさと情けない思い」にいつも追われて、できない自分を責め続けてきた長男でしたから、「見ていられない」という親の思いもありました。「ちょっと休みたいから四月からは家にいてもいいかな?」と聞いてきたので、それからは家にいることになりました。

はじめのうちは、どこにも所属しない立場になり、朝の葛藤もなく、お互いにホッとできていました。半年くらいはゆったりと過ごしていましたが、なぜか急にコンビニのバイトに行き始め、半年くらいは何とかやっていたようです。途中からどうしてもしんどくなり、バイトを辞めました。

それからは家だけの生活となりました。

ひきこもってからの日々とゲームのこと

それまでは不登校で悩んできましたが、「不登校とは、気が向けば行く場所があることを約束されている」ということに気がつきました。ですが、どこにも所属しない立場が続くと、行くところがないことが重くのしかかり、不安が相当大きくなると知りました。動けない自分を責めたり、家族にあたったりして、ますます落ち込むという負の連鎖が続いたように思います。

長男がひきこもってからの数年間は、今まで以上にどうしていいかわからなくてオロオロしました。「こんな自分はダメだ」と言って自分を傷つけたり、主人や妹弟に対して暴力的になったり、死にたいと言ったり……。そうなってからは不安定な精神状態の時ができてきました。

また真夜中でも大声で怒鳴ったり、家や物を傷めたりと、本人だけでなく家族中がボロボロでした。少しの時間も一人にできない状態の時は、ずっと一緒にいるようにしていましたが、「俺を見張るな！　一人にしろ！」と、怒り狂う長男を見ながら、この先いつまで続くのかなとの不安ばかりでした。

ちょうどこの時期、わが家では初めてオンラインゲームというものをやり始めた時期でした。私は訳もわからず、どこの誰とも知れない人たちと関わることに対して、危ないものだと思い込んでいましたので、ネットが繋がるのはリビングだけにしていました。三人の子どもたちは、それぞれに葛藤しながらも日々ゲームをしていましたから、まだ一緒にいやすかったと思います。

長男を一人っきりにできない不安定な時期は、夜中じゅう一緒にいました。そんな状態の時に他の子どもたちも、「何もしないで一緒にいると見張られてる気分が半端ない。おかんかてこのゲームやってみたらいいのに」と言い始めました。こんな提案をするなんて、本当にうちは変な家族だと思います。でもゲームなんてマリオしかしたことないし、それだって「即ゲームオーバー」な腕前です。「そんなん絶対に無理やろ」と言ったら、「大人は子どもにはあれしろこれしろって当たり前のように言うくせして、いざ自分になると、する前から無理って言えるからいいよな……」と、痛いところを突かれました。ですから素直に受けることにして、そこから主人と私のオンラインデビューとなりました。こんな家族ってあるのでしょうか？

始めたといっても、ロールプレイングゲームなので目的の場所にもなかなか行けないくらいさんざんなものでした。コントローラー以外に、キーボード入力があるのです！　タイピングなんて遅くて……というより、「できません」に近いくらいでした。そんな私のオンラインゲームの珍道中に、子どもたち三人は笑う笑う……。次をどうするのかを聞いても、「自分のためやから、自分で調べてみたら？　人に頼ってると自立できないよ」なんて言われて落ち込みました。しかし、立場が逆になっていることにも気づかずに、本当に必死にやり始めました。私がのめり込むのに時間はかかりませんでした。チャットの返しも早くなり、いろんな地域の人とも仲間になり、楽しくなってきて、子どもたちから「ここまではまるとは想定外やな～」「ある程度時間を気にしたら？」「もうい加減寝たら？」なんて呆《あき》れられました。でも、仲間とのチャット上での交流で、新たな気づきをもらえました。

オンラインゲーム上で仲良くなった人が、「自分はヒッキー（ひきこもり）で、こんなダメな奴で」と勇気を出して話してくれ、親には言えないことや、面と向かっては伝えられない葛藤などをその人のタイミングで伝えてくれるようになりました。第三者だからスッと受け入れられることもあって、子どもに対する見方を変えるきっかけとなりました。オンラインゲームでも、しっかり人と関われることがわかりました。それと感謝したいことは、キーボード入力がすごく早くなれたことです。子どもが勧めてくれなかったら、このような原稿を書く機会はなかったといえます。

話を戻すと、不安定な状態の長男や、下の子たちともゲームの話で盛り上がったり、攻略方法を相談したりして、同じ目線での会話ができるようになりました。同じ目線で話してみると、私たち親よりも広い視野で物事を見たり考えているることに気がついて、またびっくりしました。なぜ今までは見えなかったのか考えてみたら、頭の固い私は、「子どもは知らないことが多いんだ」と思い込み、しっかり見ようとしなかったのです。

ところが、家の中も少し柔らかくなり、落ち着いた雰囲気でみんながホッとしかけた時に、長男が睡眠薬を大量に飲み救急搬送になりました。顔では笑っていても、なにも変わっていない長男の苦しみを思うと、悲しみしかありませんでした。それから二カ月くらいはずっと不安定な精神状態でした。どんなに眠くても、過去のつらい思いが夢に出てきて寝るのが怖くなり、暗くなると不安定になるので、夜に病院に行く日がどれだけあったかわかりません。長男自身、「自分はだめだし先のない人生など要らない」とまで言い始めて、親としてもどう声をかけていいかわからない状態でした。どちらも疲れ果ててどこかに入院させたほうがいいのかと悩んだりもしました。本当にどうしたらいいのかわからずに困り果てました。

もう自分たちだけで抱え込むには限界があると気づいたのがこの頃です。それまでは誰かに子どもたちの話はしませんでしたが、話し始めたのもこの頃だと思います。私たちがやっと人の話を聞ける状態になれたのかもしれません。

転機――無理と思ったが

長男が退学した高校のカウンセラーさんにも、長男が自殺未遂したことや、ボロボロな状態を話せたことが転機に繋がったのかもしれません。次男も同じ高校に進学してましたから、引き続いて同じカウンセラーさんに関わってもらっていました。

長男が演劇部にいたころに作った作品など（一本の木片から本物にも見えるような刀を作り上げたり、背景の絵を描いて評価されて絵画部へ誘われたり、自分が作り上げたキャラクターを描いてみんなを笑わせたり）を知ってくださっていましたから、「いいアイディアやデザインやら、オリジナルのキャラをつくったりする腕を持ってるんだから、デザインの道に進んでみてはどう？　その力を埋もれさせてはいけないわ」との声をかけてもらい、専門学校のオープンキャンパスのパンフレットも見せてもらいました。

私は最初、「タイミングも悪いし無理でしょ」と思っていました。長男自身も「こんな状態でボケてるんじゃないか?」と呆れていました。でも、何度も何度も勧めてくださり、そのことを伝えると、乗せられてるだけだと怒りはじめました。「そんなにお母さんのことが信じられなかったら、とにかく一度直接聞いてみれば?」と提案してみました。そうしたらなんと話を聞いてみると言ったのです。

正直ビックリしました。しかもカウンセラーさんと話して、話が本当だと感じたようで、なんと、自分からデザイン学校のオープンキャンパスに行くようになりました。初めは「人がしんどい」「俺には無理」などと言っていましたが、デザインは大好きなので、随分悩んでいたようです。カウンセラーさんは長男に、新年度には入学できるよと勧めてくださいました。

それに対し長男は、これからの一年で、体力や気力を蓄えていって小さな自信を持ってから行きたいと言いました。たとえ目標ができても不安ばかりが強くて、なかなか心と行動が一緒にならないようでした。目標を持ってからの一年間は、とても神経質になり、今までとはまた違う難しさがあり大変でした。見ていられなくて「絶対に行かなければならないということではないんだから」って言うと、「中卒でどうしろと?」と言われ、応援すると「ウザい、しゃべるな! 行くかわからないのに」と怒鳴られました。

長男自身、このままではいられないという葛藤と、動き始める時の不安の大きさに、家族みんなが押し潰されそうでした。長男から相談してくる時には親身になって本音で話すことに決め、他はこちらから話を振らないように心がけました。

一年が経ち、「もう行かないのかな?」と思っていた時に、やっと願書が出せました。受付終了まで二日でした。

私たち家族からしたら、ほんとうにとんでもない時でしたが、必要な時期に第三者の介入の大切さを感じました。もし声をかけてもらえていなければ、今はどうなっていたのかなと思います。

やりがいと自信をくれた

進学が決まり、私もアパート探しに一緒に行こうと用意していたら、「ええオッサンがおかんと行ったら恥ずかしいし一人で見てくる」と言って本当に一人で探してきました。

仮契約を結び、礼金を半額に値切ったと聞いて笑ってしまいました。不安や葛藤が大きかった分、本当にやりたかったことに出会えて頑張りたいと思えたようです。「昭和生まれの自分がみんなとうまくやれるかな?」などの不安もあったようですが、他にも数人昭和生まれの人がいて、いい感じで仲間意識ができたそうです。先生方や一緒に勉強する仲間とも波長が合って、自分らしくいられたことが楽だったと言っていました。

それまで、やりたいことに対しては、何時間でも何日でも、のめり込むようにして没頭したいと願ってきたのに、同じようにのめり込める人と出会えなくて孤独だった日々。でも、専門学校で出会った先生や仲間は、自分以上にのめり込む人が多くて、安心してのめり込めたと話していました。

はじめのうちは、また一人のめり込みすぎて「変な奴」呼ばわりされないかとの心配から、没頭しすぎないように気をつけてみんなを見たら、とことん没頭して素晴らしいアイディアを出していたそうです。本当に安心してやりたいことができる環境は、すごく大きなやりがいと自信をくれたとのことです（これは本人が話した言葉です）。

二年間で専門学校を卒業して、二〇一四年の四月から社会人として、この家から巣立っていきました。

気づかせてもらったこと

子どもとの関わりを通して気づかせてもらったのは、誰かを悪者にしないことと、素直な柔らかい心を持ち、第三者の話もとりあえず一度は聞いてみることは大切だと思いました。

親ならではの思いや心配はたくさんありますが、子どもに対して感情的にそれを言って余計に重くなるなら、伝えるばかりがすべてではないと思いました。親の見方と、子どもの見方では温度差もありますし、見え方も違うようにも思いました。

それと腫物《はれもの》に触るような関わりはしたくないと思います。親だって人なので、我慢ばかりでは限界がくるのではないかと思います。

親の都合や感情で一方的に話すのではなくて、また気をつかい過ぎて言いなりにならないようにも気をつけながら、お互いが落ち着いているときに、冷静な話し合いとして一度は思いを伝えるのはありかなとは思います。それに対して子どもの反応は、無視かもしれないし、もっと広い目で見て何かを考えているかもしれません。子どもとしてだけでなく、一人の人としてこれからも関わっていけると嬉しいです。

また不登校でもひきこもりでも、家族だけではどうしようもないことがあり、理解のある第三者に入ってもらえることの必要性を感じています。でも、課題としてや、与えられた仕事として来てもらうのではなく、本当に何とかしたいと思ってくださっている方たちや、力になりたいと寄り添ってくださる方との関わりは、本当に大きな力として心に記憶されるように感じます。

子どもが自分で動いてくれるにこしたことはありませんが、親から見てどうなってほしいとか、こうしてほしいと願うよりも、この子が自分らしい生き方ができたと思える生き方をしてくれることを心から願うものでありたいです。それぞれの人生ですから、自分らしく生きられる環境に出会ってくれることを望んでおります。

人として未熟で幼くて、器も小さな自分ですが、子どもと関われたことで視野を広げてもらえたことと、無意識な固定観念に縛られていた自分から解放させてもらえたことで、柔軟な心を得させてもらえたと思います。子育てをしながら「自分育て」もさせてもらったのですね。

これから取り組みたいこと

ひきこもりの子どもたちの今の状態によって関わり方や支え方は違ってきますが、少し元気になれた子たちがいられる「居場所」が、長浜市にはないことに残念さを感じています。少し元気になれたからすぐにバイトや仕事に行けるかというと、ハードルが高すぎます。それまでに、人と関われる場を持ち、お互いに支え合いながら成長できるところが近くにないので、身近な場でできないものかと考えています。考えるのはたやすいことですが、実際やってみるととんでもなく大変で「居場所」の確保がしっかり守れるのか難しいところです。

小さな場ながら、母親の集まれる場はありますが、父親の話せる場がないので、長浜市でも「おやじの会」が立ち上げられるといいなと心から願っています。同じ立場の人が集まって、本音で話せる場があるのはとても大切だと思います。

いろんな機関との関わりですが、以前から長浜保健所で、ひきこもりの子を持つ家族交流会という会を持ってくださっています。参加して四年になります。今年からは家族だけでなく、当事者も参加できることになりました。家族交流会が年間五回なので、まだまだ先の長い話となります。保健所で行ける場があると知って参加できる人も少ないかもしれませんが、まず続けることが大切なのかなと考えます。

当事者参加は、二〇一四年の八月からはじまり、毎回、当事者が三人参加されています。ますます必要性を強く感じました。

それと、社会福祉法人長浜市社会福祉協議会の方とも話す機会が持てました。今年は地域の親の会のお知らせや、市内でひきこもり支援のある機関の紹介などを、広報にて紹介してくださいました。来年度からは、ほかの面からも支援してくださることとなり、心強く思っております。

いろいろな機関とも関わり、理解をしていただいたうえで、支援していただけると、新たな形をつくれるのではないかと期待しています。

（さとう　りょうこ）

「父はつらいよ！」――まだまだ迷走中

佐藤　隆

前ページまで手記を寄せている佐藤涼子と、これから読んでいただく佐藤隆は夫婦です。母親目線と父親目線の違いや、子どもに対する受け入れ方の違い、関わり方の違いを綴ってみました。読んでいただいて共感していただけると嬉しいです。

私は五七歳で、会社員生活三四年、父親二七年目です。子どもたち三人（長男二七歳、長女二四歳、次男二二歳）と妻と母と、田舎で暮らしています（もっとも今、長男は五〇キロメートルほど離れたところで就職し一人暮らしをしてますが……）。

約一二年前に、一年のうちに三人の子どもたちが次々と不登校・登校拒否になりました。以来、家族それぞれが悩み苦しみながら紆余曲折《うよきょくせつ》の年月を過ごしてきました。

そのときに、それまでに、そのあとに、私は父親として何を考え何をしてきたのか。家族のためにと一生懸命やってきたつもりなのに、もしかして何かが違うのか？　そして今、何を考え何をしようとしているのか……まだまだ迷走中の私です。

ですから偉そうにあれこれアドバイスしたり、教訓めいたことは言えません。ただ、私の経験してきたことやその時の思いを書き記すことで、今なお同じように悩み苦しんでいる「お父さん方」に、ほんの少しでも共感と安堵を感じて元気を取り戻していただき、遠くにでも小さくても、希望の灯りを感じていただければ幸いです。そして、同じように悩み苦しんでいる子どもたちが、自分らしく力強く生きていってくれることを切に願いながら、それぞれの立場で見守っていきたいものです。

三人とも不登校に！　そのとき私は……

長男が中学三年生、長女が小学六年生、次男が小学四年生。あの時、三人の子どもが一年のうちに次々と学校に行かなくなった時、私は正直なところ怒りといら立ちだけが先行しました。

公務員だった父や、祖母の介護に明け暮れていた母との日常的な団欒《だんらん》の覚えは乏しいものの、小学・中学・高校とほぼ順調に過ごし、多少の挫折も味わいながら有意義な大学生活も送らせてもらい、就職もできて実家から通勤できた私ですから、自分の子どもたちも当然同じように進んでいくものと信じて疑っていませんでした。

子どもたちが不登校になったことに対して、同居していた私の父母は、当然のごとく、どんな育て方をしてたんだとか躾《しつけ》ができてないとか、会社から帰る私を仁王立ちで待ち構えては叱咤《しった》の嵐をあびせました。挙句《あげく》の果てには泣き怒る毎日が続きました。

妻への両親からの「口撃」はそれにも増してひどく、四六時中断続的に続いて、妻は精神的に追い詰められていたようです。私は帰宅早々に妻からも、私の父母と私自身に対する不満の文句と怒りの嵐をあびることになりました……。正直なところ、私には二重苦にさえ思えた日々でした。低いながらもそれなりの職位にあった私は、早朝から夜遅くまで休日も含めて毎日仕事に行って、家族のために一生懸命働いているつもりなのに、帰ってくるとこの有様で、家にいるより仕事や地域行事に出掛けている方が楽でした。

そんな中で、私の父母や妻を悟そうとしたのですが、これがまたチグハグになって逆効果で、「何もわかっていない」と一蹴されました。火に油を注いだような両方からの反論にあえなく撃沈し、ストレスは溜まるばかり。毎朝出勤途中で元気に登校するよその小学生・中学生を見かけると、つらくて目を背けていました。

ここまでの叙述と私の思いでお気づきいただけるかもしれませんが、この時にはまだ一番大切なことに気づいていませんでした。それは当事者で一番悩み苦しんでいる子どもたちの思いを考えていなかったこと、子どもたちからの生の声や思いを聞こうとしていなかったことでした。

単純に挫折の経験が早く訪れただけで、すぐに立ち直るだろうと安易に思って、父親までがガタガタ言うのは早計だろうと勝手に思い込んでいました。自分の立場上とか、世間体とか、身勝手な自己満足を求めていたのでしょう。あきれ果てた妻は子どもたちと車で夜を明かすことさえありました。

「このままなら、次男が二〇歳になったら離婚する」とまで妻から言われたのに、私は慌てながらも、どう対応すればよいかわからず、まだ世間体や私の父母の威圧を気にしていました。バラバラで息が詰まる崩壊寸前の家庭から、「仕事」を口実に逃げまわっていたのかもしれません。

しかし当時の私にはそんな認識は全くなく、それに気づき始めたのは、その数年後でした。気づき始めても、自分がすべきと思うことを行動に移すこと、さらには子どもたちや妻に受け入れられるには相当の時間（妻曰く……それまで対応してきた年月と同じだけの年月）と努力が必要で、実は今もなお迷走しているのが、恥ずかしながら実情です。

不登校に至るまで！……それまでに私は

子どもたちが不登校になるまで、子どもたちのことを最優先に考えていなかったのではないかと自問する意味で、それまでの私はどのように感じ何をしていたのかを振り返ってみます。

そもそも長男は愛想のよい子でした。ただ妻にべったりでした。年に一～二回ながら休日に親子で行楽に出掛けた時や、おもちゃを買ってきて長男と一緒に遊んだ時は楽しい思いもありましたが、日常の生活では私の父母の干渉が強かったこともあって、長男の子育てには、楽しさより疲れすら感じることもありました。

小学校の運動会をはじめ、私はほとんどの行事を欠席して、妻に全てお任せで、長男が五年生の時に、ＰＴＡ役員に選ばれて初めて保護者活動に参加したような次第でした。よそのお父さんの姿を見て親子の仲むつまじい様子をうらやましくは思ったものの、私は仕事が忙しいから仕方ないとあきらめていたのも事実でした。

中学へ行って、長男が自分から剣道をしたいと言った時は、体育会系の部活を経験してきた私には、大変嬉しいことでした。中学生活の中でもいろいろつらいことがあったようですが、私は何も知らないまま長男の不登校が始まりました。そのときも私は「自分は長男の不登校に全く関与していない」という意識でいたと思います。

長女は幼い頃から病気がちで心配していましたが、当時の私は、子どもたちが寝ている間に出勤し、夜に眠った後に帰宅するばかりか、土曜日曜も仕事に行くか地域の行事に出掛けていく生活が続き、たまに長女を抱っこすると人見知りされ大泣きされる始末で（たまに来る正体不明のおじさんと思われていたのでしょうか……）情けない限りです。

長女が二歳の時に次男が誕生し、お姉ちゃんになった長女は、幼いながらも自分のことは自分でして弟をよく可愛がってくれていました。ある日、車を新調して試運転に行こうとしたら、長女が一緒に行きたいと泣いて追いかけてきたのに、私はそれを振り切って出掛けてしまい、本当は自分も主役として遊んでほしかったんだなと、今さらながら思い出しては後悔しています。

長女は幼稚園から小学校にかけて、いじめや嫌がらせを受けながらも無理して気丈にしていたようですが、私はその深い悩みやつらさに気づいていませんでした。長女は、六年生の秋にとうとう息切れして疲れ切ったかのように不登校になりました。

次男が幼い頃、私は帰宅時間も早めで日曜は家にいることが多くあり、長男・長女のときに比較すると、一緒に遊んだり過ごした時間がありました。次男は、長男・長女が妻、さらには私の父母から叱《しか》られることが気になって、幼い頃から周囲に気を遣っていたようですが、私はそれにも気づいていませんでした。

スポーツ少年団でサッカーや剣道もしましたが、どうも人間関係（いじめや嫌がらせ）を目の当たりにしていたようで、その場を避けるように不登校が始まりました。私の出勤時に小学校へ送っていったことがありましたが、無理やり学校の中へ入れようとしただけで、次男の本心は理解できていませんでした。

小学校の校長先生のご配慮により、当初は校長室登校や保健室登校をして過ごしていました。近所の子どもから休んでいる次男のことをズルイと言われて、私はその子に対して憎しみさえ感じて自分の顔が引きつった覚えがあります。

中学では卓球部の先生からご配慮をいただき、部活だけに行く日が多々ありました。いずれの時も次男は心晴れ晴れではなかったと思いますが、私にはそんな思いも理解しきれず、ただ何とか学校と繋がって高校進学に対応してほしいと思うばかりだったと思います。

当時の私は、仕事に一生懸命で、つらいことがあっても仕事最優先で取り組むのを当然のことと信じて疑いませんでしたし、それが家族と自分のためと考えていました。家族サービスとか家事のために早退や休暇をとる同僚をみると、自分勝手であるように感じ腹が立つことさえしばしばありました。

自分が変わらなければ!……それからの私は

崩壊寸前の家庭から、「仕事」を口実に逃げ回っていたと、私自身が思い始めたのは子どもたちが不登校になって随分してからのことでした。それまでは子どもたちや妻に対してどのように接したらよいのか、かいもくわからず、空回りの日々が続きました。

私は、まずは子どもたちや妻との会話を少しでも増やそうとしました。初めから本音の話などできるわけもなく、最初は、休日や夜で家にいるときくらいは同じ部屋で一緒にテレビをみたり、番組や天気の話をするのが精一杯でした。

私にもこれまでの対応には言い分があるのですが、ここはひとまず自分の主張は控えて聞く側に回ろうと思いました。ビールなどをいただくとついつい自己主張が出てしまうので、家族だけの時はほとんど飲酒もしないようにしました。自分がいらいらしているときには余計なことを言わないように、会社帰りの場合には一息入れてから帰宅し、また家にいるときはいったん別の部屋や屋外に出て気持ちを落ち着かせるようにしました。

もう一つ、子どもたちの今の状態を「ありのままで受け入れよう」と思いました。私の父母にも同じように受け入れるように繰り返し頼むことを心掛けました。不登校やひきこもりに対する世間の視線や一部の評論家・教育者からの指摘は厳しいものがあり、それに惑わされて子どもたちを非難するのではなく、せめて親くらいは見守り理解しようと思いました。そして、子どもたちや妻にも少しずつでも変わろうと思っていることを話しました。

しかしながら、まさに「言うは易し、されど行うは難し」です。実際にたわいのない会話でもできた時にはホッとするのですが、その直後には調子に乗ってつい軽率な発言をして墓穴を掘り、「やっぱり変わってない」との厳しい一言を受けて撃沈です。三歩進んで二歩下がるの日々で、そんな失敗をしては気まずくてつらい思いを繰り返しました。

その後も、あれこれ子どもたちや妻との接触や会話を試してみた私でしたが、話が嚙み合うどころか、長男と取っ組み合いになったり、売り言葉に買い言葉になってもの別れになったり……。「こんなに歩み寄ろうとしているのに、なぜ理解してくれないのか」といら立ちさえ感じることもありました。しかし、このいら立ちがあるかぎり、子どもたちも妻も私を認めることはないのでした（今もなお、ましになったレベルで、完全認可には至っていませんが……）。

子どもたちはというと……長男は、不登校しながらも高校卒業程度認定試験をクリアして、何年ものひきこもりの後に自分だけの判断と行動で専門学校へ入り、卒業と同時に就職までしました。長女は、不登校しながらも中学一年の時から高校のオープンキャンパスを巡り歩いて自分で進学先を選び、卒業後には一人暮らしまでして専門学校へ通い、今は病気と闘いながら家事を手伝っています。次男は、不登校を続けながらも高校卒業程度認定試験をクリアして、しばらくは自分の将来についてじっくり考える時間をとりたいと主張しています。子どもたちは皆それぞれに確実に自分を見きわめ成長を続けているようで、今になってみれば三人ともよくやっていると誇りに思います。

これまでの間に、子どもたちはそれぞれ良き理解者に巡り合い、大きな支援をいただきました。父親の私に心を開かなかったことに失望しながらも、大変ありがたく思います。

妻は「親の会」をはじめとして、心を許して話し合える仲間と巡り合い、落ち着きを取り戻して、前向きな考え方で子どもたちとうまくつき合うようになりました（「以前からうまくつき合っているよ！」と言われそうですが……）。

不登校に対してあれほどまでに口出ししていた私の父母まで、同年代の支援センターの方との面談を受け入れ、徐々にではあるものの子どもたちに理解を示すようになっていきました（とはいうものの、時にはついつい子どもたちの生活行動に対して余計な口出しをして顰蹙《ひんしゅく》をかっていることもありますが……）。

さて、三人が不登校になってから初めての子どもたちとの交流は、妻も書いているように、実はオンラインゲームでした。先に始めていた子どもたちが、ゲームを通してではあれ、本音で語り合える仲間と巡り合い、毎回礼儀正しく挨拶をして、それまで見られなかった笑顔や毅然とした態度でチャット会話をしていました。仲間の方々は子どもたちより年上が多かったようで、それゆえに子どもたちのそれぞれの性格（芸術家肌で独創的な長男、やさしく気遣いのできる長女、論理的で冷静な判断をする次男）を把握して、話をよく聞き理解を示しながらも必要な意見をしてくださっていました。

私の言うことにはほとんど耳を貸さず信用していなかった子どもたちが、それほどまでに素直になって自分を表現して対応できていることに驚くとともに、理解者の存在と支援の偉大な力とありがたさを感じました。これに興味をもった妻が、子どもたちに促されてゲームに参加し始めたとき、あまりの不器用さに子どもたちと妻が同じ目線で大笑いしていました。

私はというと、そんな光景を垣間見て、実はうらやましくて、自分もやってみたいのに見栄を張ってテレビを見ていましたが、子どもたちと妻から待望（？）のお誘いを受けて、子どもたちのIDにキャラクターを追加して、空いてる時にゲームを始めたところ、子どもたちがあれこれ教えてくれ、自然な会話が始まりました。

その後は、妻と私がそれぞれゲームにはまり込み、子どもたちは呆れかえりながらもポツポツと明るい会話をしてくれ始めました。子どもたちの心の悲鳴に気づかずに、知らず知らずのうちに追い込んでしまって親子の会話さえなくなってしまった家庭に交流を復活させてくれたのは、実はもっとも傷ついていた当事者である子どもたちだったのです。

実はもう一つ、大きな事件（？）が三年ほど前に私自身に発生しました。私は職場異動があり張り切って新しい仕事に取り組み始めたのですが、慣れない仕事と職位の重圧に、がむしゃらに立ち向かい、気がつけば夜間も休日も関係ない日々を続け、睡眠不足・過労・不眠・食欲不振に偏頭痛や胃炎や体重減少に至り、ついには仕事への集中力や思考能力さえ著しく低下して、精神的に追いつめられていきました。

気さくに話せる元上司の勧めもあって病院へ行ったところ、即日ドクターストップ！　いわゆる「うつ病」で、このままでは心と体が別行動を起こす危険な状態と診断され、強引なほどの指導で翌日から一時休養することになりました。

何もせずにブラブラと家にいることの苦痛を、人生で初めて経験しました。何をしたらいいかわからないし、近所の目が気になって仕方ない。家にこもってボーっとテレビを眺めているだけで、まさに「ひきこもり」状態でした。

「何かするといいんだろうけど何をしていいかわからないし気力も起こらない」と、私がブツブツと愚痴ってるのを聞いていた次男が、「わかる！　わかる！」と一言。この時初めて、不登校になった時の子どもたちの気持ち（苦悩や自分との葛藤）が少しわかったように感じました。

私は家族の理解があっての自宅休養という「ひきこもり」、それに対して子どもたちは私をはじめとして周囲の理解を得られない状態での不登校……。あの時に子どもたちはどんなにつらかったことだろうと思うと言葉になりません。

偉大なる「ひきこもり」の先輩（子どもたち）に声なき励ましを受けて、おかげさまで異例の早さで六カ月間の休養後に多少経験のある業務を含む新部門に復職させていただき、多少の困難はあるものの、現在は充実した仕事をさせていただいています。

大変皮肉な話ですが、私が「うつ病」で六カ月間休養して、当初の「ひきこもり」状態から徐々に出掛けたり、友人と会って自分の現状を話したり、これまでしなかったことを始めたりしたおかげで、「不登校」や「ひきこもり」の背景やその時の痛み・つらさ、そして動き出すためのアプローチと契機などについて、ようやく多少なりとも理解し考えることができるようになったと思います。また、そんな私の姿を見て、子どもたちは、ようやく自分たちの苦しみや思いを私が理解し始めたと思って、少し態度を緩和してくれたのかもしれません。

振り返ってみれば、私はいわゆる「仕事人間」の一人で、子どもたちや妻は、よそのお父さんの家族とのふれあいや団欒をうらやましく思っていたと思います。せめて子どもたちや妻が悩み苦しんでいるときくらいは、家族のことを優先してほしかったというのが本音だと思います。

しかしながら、当時はそれを私に言っても聞く耳持たずで仕方ないというあきらめと、家族のために頑張ってるという多少の理解もあって（了解ではないにしても）、仕事優先の私の態度をあえて否定せずにいてくれたのかもしれません。

これまでから、子どもたちも妻も私の仕事に対する姿勢や思いを容認していてくれたのに、私は子どもたちや妻の思いに気づきさえしなかったということでしょう……。まだまだ修行が足りませんね。

父親としての役割

妻が参画している「親の会」の関係で「第一九回　全国のつどいin滋賀」の機会に巡り合い、妻に誘われて一緒に参加させていただきました。不登校・登校拒否・ひきこもりの経験を持ち、今なお苦悩されている当事者・父母・支援者などたくさんの方の身につまされるお話を伺うことができ、また私も生の自分（ダメ親父ぶり）を紹介させていただき、大変に貴重で有意義な二日間を経験させていただきました。そこでは何の気兼ねもなく同じシチュエーションで話ができて、とても気分が楽で快感さえ感じました。

この時は長女が、「これまで家族のことで会社を休むことなど絶対なかったのに……」とニタッと笑いながら送り出してくれました。いやはや手厳しいお言葉ながら、なぜかすがすがしくて嬉しい気持ちになれました。

「仕事人間」で、子どもたちの思いに真の意味で気づけていなかった私。気づこうとしていなかったのかもしれません。子どもたちが不登校になって、当初は力ずくで解決しようとしたために親子関係まで悪化し、その後じっくり話し合おうとした時には会話のきっかけすら得られなかったのが実情でした。

子どもたちは、不登校やひきこもりをしている間も、実体験の悩みや苦しみからいろいろなことを学び、考え、自分らしさをもって、自分自身のペースで着実に成長してきたと思います。そんな子どもたちの思いや確実な成長に気づかず、その姿をなかなか受け入れられずに、ただただ右往左往していたのが私でした。しかし、自分自身が休職を経験したことをきっかけに、肩の力が抜けて世間体や周囲の目を必要以上に気にすることなく、ありのままの子どもたちに接しようという気持ちになりました。

今はただ、成人した子どもたちの思いや考えや個性を尊重して、無用な口出しはせずにじっと見守り、支援を求めてきた時にこそ精一杯の支援と努力をしてあげられるように待機すること……それこそが、私がすべき子どもたちに必要な父親の役割だと感じ始めています。

その大切な役割を果たすために必要なこと……それは、どんな状況であっても、まずは親が元気で明るいこと！　それによって子どもたちは安心して自分の道をじっくりと考え切り開いていけるのかもしれません。

今もなお、その移行途中で迷走しているのが私の実情ですが、悩んだりくじけそうな時には同じ思いをして同じ痛みを知っている皆さんと語り合うことで、元気をいただいて自分を見直してまた走ることができるように思います。同じ思いの皆さんとの暖かい支援・声掛け・語り合いをもちながら、元気で明るい親父でいたいものです。

「父はつらいよ！」――まだまだ迷走中……でも、「親父は強いぞ！」「親父は元気だ！」「親父ファイトー！」

（さとう　たかし）

「不登校・ひきこもりを考える親の会」をつくって

大塚和子

今から一七年前になりますが、三人の息子たちが次々と不登校になりました。現在（二〇一四年一二月）三一歳になる長男が当時中学二年生の時、次男が小学校六年生、三男はその翌年で小学校三年生の時でした。次男、三男は中学校卒業まで不登校でしたが、その後、通信制高校を卒業し、それぞれ専門学校、大学へと進学しました。三人のうち、長男は中学校卒業後、人間不信が強く、どこへも行かず家にいましたが、途中強迫神経症が出たりして、ひきこもったまま現在に至っています。

特に最初の一年、まず長男が学校に行けなくなり、二カ月後に次男も行けなくなった時は、親はとほうにくれた状態でしたが、その一年後に三男が小学校三年生で行けなくなった時は、親も少し覚悟ができた気持ちでした。その当時、今のようにいろいろな相談機関もなかったのですが、市内で「不登校の子を持つ親の会」があることを知って、そこで話を聞いたり、「全国のつどい」があれば参加して、自分だけではなく全国にも同じように悩んでいる親がいることを知り、いろいろな話を聞いたり、また話したりしました。そうする中で、「親の会」の存在が心の支えになっていることに気づきました。

悩む親同士が話し合うことで見える光

自分の周囲にも同じように悩む親がいたことから、一三年前の二〇〇一年に、住んでいる地元に気軽に話し合える場をつくろうと、子どもが同じ中学校で不登校だった親同士で、「不登校を考える親の会」をつくり、現在に至っています。発足当時は不登校だけを会の名前に入れていましたが、その後、不登校だった子どもたちの中には、義務教育を終了してもそのまま家から出られず、ひきこもりの状態が続くこともあり、会の名前を「不登校・ひきこもりを考える親の会」としました。

子どもが不登校やひきこもりになると、親もどうしてよいかわからず、まわりの人にも相談できずに孤立してしまって、それが、子どもをより苦しめることになりがちです。悩みを持つ親同士、話し合うことで、「ああ、私の子だけではなかったんだ」と思ったり、真っ暗なトンネルの中に入ったようだったのが、いろいろな例を聞いて、少し先に光が見えてきたりします。子どもの生き方はさまざまな道があると、親が理解することで、親の心に余裕ができ、子どもの成長をそっと見守りながら待つことができるようになります。

月一回の定例会では、自分たちの子どもの状況や、親の気持ちを話し合います。さまざまな情報交換もその中で行っています。「気持ちを話して少し心に余裕ができた」「自分一人では子どもを追いつめそうになるが、少しゆっくりできそう」という声も定例会の終わりには聞かれます。また、普段は親だけで行っている会ですが、親だけでは先が見えないこともあるので、専門の相談員を囲んで、テーマを決めての学習会も行っています。

本人たちにできることから

この一〇年間で、不登校・ひきこもりの行政や民間の相談、支援機関も随分増えてきました。しかし不登校を経験した場合、社会にすぐには出られない子も多く、私の「親の会」でも、当時小・中学生であった子どもが青年になってきています。また、社会に出てからひきこもったという青年もいます。ひきこもり支援の「居場所」などもいろいろできてはいるのですが、家からそこまで一歩踏み出すことができない子が多く、「親の会」で何かできないものかと思っていました。

そんな時、「今、本人たちにできることから始める」という活動をしている方に出会い、ぜひ私たちの「親の会」でもできることをしようと考えました。少し資金をつくるために、区のふれあい広場で募集していたバザーに出品しようと、みんなで不用品を集め、ひきこもっている本人たちにもそのお手伝いを募り、参加してくれた人に収益からお手伝い料を払うということを始めました。

その後、「親の会」で年に何回かバザーを開き、そのためのチラシ原稿、ポスター作成、チラシの印刷、ポスティング、前日の準備、当日の手伝い、また自分で作ったものの出品などをひきこもっている本人たちに募り、参加してくれた人にお手伝い料を払っています。初めは参加が少なかったですが、次第に、「チラシ原稿作成だけなら」「ポスティングだけなら」「印刷だけなら」と自分のできる範囲で参加してくれる人が現れるようになりました。これは、それらの仕事が継続したものでなく、単発であること、もし来られなくても構わないということ、自分の親など知っている人が一緒にやっていることなどが、「やってみようか」というきっかけになっているようです。

家での状態が落ち着いて来た後、家の人以外の第三者とつながったり、「居場所」や支援機関とつながるまでの間が結構距離があって、いきなり家族以外の人と会ったり、「居場所」へ行ったりはできないことが多く、この間をつなぐことが難しいと常々感じていました。また通信制の高校を卒業したりした後、すぐ社会につながることができない場合もあります。そこで何かできないかと考えていたのですが、この「お手伝い」をきっかけに、少しずつ人と会ったりすることができるようになり、行政の支援機関につながり、今では短時間の仕事に就くことができた青年が「親の会」の関係者にもいます。

小学校から不登校気味だったA男さんは、中学校は保健室登校で、高校は通信制高校に進み卒業しました。学校はもう卒業したわけですが、それから後何をしたらいいのかと悩み、すぐ仕事に就くには難しく、家にいました。「居場所」なども少し見に行ったりしたのですが、どうも自分には合いそうにないと感じていました。大勢の中で話したりすることや、混雑したバスや電車に乗って通うことも苦手であり、一番の悩みは、外で食事などものを食べられないことでした。これは小学校の低学年の時、給食を無理に食べさせられたことからと聞いています。

家にいても、二〇歳になるのに何もしないでいるのはどうかと思って、散歩に出かけたり、家の食事準備の手伝いなどもはじめたのですが、家族以外の第三者とつながることができないでいました。ちょうど「親の会」で初めてバザーをしたのがこの時期で、彼に「もし出てこられるなら、バザーのお手伝いに来てくれないか」とお母さんを通じて誘いました。そうしたら当日、お母さんと一緒に来てくれたのです。それをきっかけに、その後、バザーを知らせるチラシのポスティングや印刷作業などのお手伝いをしてくれるようになりました。

また、行政の支援機関につながることができて、職業体験をすることもできました。支援機関に行くにも、初めはお母さんが相談に行き、「来られたらでいいから、彼にも声をかけてみて」ということでお母さんが誘ってみたら、一緒に行くことができたのです。それから後、一人でも通うことができるようになりました。初めは、担当の方と話をすることから始まり、彼に仕事ができるようになりたいという希望があるので、職業体験をしてみようかということになり、いくつもある事業所から、これならできそう、通えそうというところを担当の方と一緒に見に行き、実際に一カ月くらいの体験を二回することができました。

職業体験の後、すぐに就労にはつながらず、どうしたらいいのかという悩みの時期はありましたが、家のすぐ近所で、早朝の短時間のアルバイトの求人があり、自ら応募して、面接に行き採用されたのです。それも毎日ではしんどいので、週に二〜三回から始めました。初めての職場で、他のアルバイトの人と話せないなど、悩みはありましたが、その後も続いています。

また、最近、彼は、その仕事が早朝二時間くらいのアルバイトなので、もう少し何かできないかと考え、もう一つアルバイトを始めました。ちょうど「親の会」に来ている人が、近所で障害のある人やひきこもりの経験のある人を積極的に雇用している会社があるという話をしていたことがあって、そのことをお母さんを通じて、彼も聞いていました。支援機関に行く時に、その会社の前を何度も通ったことがあるのでわかっているから、そこのことをよく聞いてきてくれと彼が言うのです。それで、その会社の話をしていた人を通じて、面接に行き、週二回午前中仕事をすることになりました。

この会社は三〇人くらいの会社で、先代の社長の時から、障害のある方の雇用を始めたということでした。最近はひきこもりの経験のある方も何人か雇ってきたということです。

彼が高校卒業後、初めてバザーのお手伝いに来てくれた時から考えると、今までで二年半くらいたちます。一歩ずつ一歩ずつ、彼のペースで着実に歩んできているなあと思います。

「親の会」で始めたバザーは、現在は、不用品バザーではなく、自分たちで作った手作り品の販売バザーをしています。「親の会」の定例会以外に、月一回手作りの日という日をつくり、編み物、羊毛フェルト、粘土、レジン（アクセサリーなどをつくる樹脂）などで小物を作ったりして楽しみながら、口も動かしておしゃべりして、定例会とは少し違った雰囲気で楽しんでいます。ここにも、本人たちも参加してくれたらという思いもありますが、現在は親が集まっています。

一人で考えていれば、心配ばかりしていたかもしれませんが、「親の会」に出会い、自分たちで「親の会」をつくったことにより、いろいろなところでつながりができ、話をお互いに聞きあうこと、また、情報交換もすることで、前向きな気持ちでやってこられたと思います。長男がひきこもって一七年というと、とても長いと思われるかもしれませんが、本当に少しずつではありますが、良い方向に変化してきています。少しの変化でも喜び、冷静にとらえることができたのはやはり「親の会」があったからといえます。

（おおつか　かずこ）

「四七歳のひきこもり」のわが子のこと

川本太郎

私は、五〇年余り大学や自宅で障害児の教育相談をしてきました。一九八五年ごろより不登校の相談を、約二〇人余りやってきました。不登校の本も高垣忠一郎先生らと共に出しました。

ところが、私の三男が高二で不登校になり三年悩みました。私は教育学博士、妻は市会議員、恥ずかしい限りで人には言えませんでした。幸い、自宅で本を読み大検（当時）を通り、大学を卒業、就職活動は半ば失敗、一人でオーストラリアで一年働き、英会話の能力は父をこえ帰国、就職、結婚し二人の娘を持つようになりました。

「お父ん、お母ん、なんでおれなんか生んでくれたのか」

しかし、次男（二〇一四年現在四七歳）は、この十数年、「ひきこもり」状態です。大学を中退、ゲームセンターの店長もしていましたが、辞めて、再就職のための面接を一〇〇回余り。しかし仕事に就くことができず、そのうちに働く気持ちがなくなってしまいました。家族は悩み、本人ももちろん苦悩を深め、時には暴力をふるうこと（母親に）もありました。最近少し明るくなりましたが、働くことにはまだ困難があります（二〇一四年は一〇日間アルバイトで働きました）。

考えてみれば、私の兄は中学校（旧制）で不登校になりました（一八歳で死亡）。私も、六歳の時、7＋8＝51（15と書くべきを51）と答えていた子どもでした。今でいうＬＤ（学習障害）だったのでしょう。小二の時には、二日間だけでしたが不登校になり天井に隠れていたことを思い出します。

二年前、町内会長（一二〇戸）をしてみて、近くの三〇戸で五人の「ひきこもり」が存在していることがわかりました。しかし、本人も気にしてそんなことを話し合う場はありません。この一年、京都・東山で、一〇家族で「不登校・ひきこもり」（月一回）のつどいをやっています。

不登校は約一三万人、「ひきこもり」（一五～三五歳）は、平成二二年の内閣府のアンケート抽出調査で約七〇万人、その家族は二〇〇万人以上と考えられます。この問題は国民的課題といえましょう。行政は、「ひきこもり」は一〇〇〇億円の損失だとし、それなりの対応をしていますが、当事者の状態の把握や対策は、教育・医療・福祉・就労支援など行政のはざ間になって、なかなか進んでいないのが実態です。三九歳以上の「ひきこもり」の支援はほとんどできていません。

これに対して「登校拒否・不登校問題全国連絡会」（年一回、全国のつどいを開催、二〇一四年で一九回目）、「社会的ひきこもり支援者全国実践交流会」（年一回開催、同じく九回目）などのとりくみで交流、研究がすすめられています。当事者の気持ちに寄り添う中で少しずつ解決の道は開けていくと思いますが……。

私たちは、四七歳の子が就職活動をしなくなる（ハローワークに行かない）中で、「三年寝太郎」の民話を思い、「そのうちエネルギーを蓄えてくれれば」とじっと待っていました。そんな中で、「お父《と》ん、お母《か》ん、なんでおれみたいな子を生んでくれたんか」と何度も言われました。私たち親は返す言葉を持ちませんでした。まさに極に達した自己否定の言葉です。言いたい気持ちは、家族で自分ほど不幸な育ち方をして、運がない人間はいない、その不幸をどうしてくれると叫んでいたわけです。たしかに「子どもは親を選べない」のです。

この話を、「登校拒否・不登校問題全国のつどい」で発言したら、他の親からも同じ経験をしているという声があがりました。またある時、若者の犯罪がテレビのニュースで報じられると「お父さん、あんな子が生まれんで、おれでよかったやろ」とも話しています。

私たち夫婦は、今も含めてこの子に対して乳・幼児期、学童期にもっと心を寄り添い、手をかけてやれなかったのか、忙しい中でももっと工夫できなかったのかと悔やむ毎日です。そのことを含めて、この子の発達、生きてきた道すじをふり返ってみます。

この子の生い立ちをふり返る

小学校に入る前（一九六七年～七三年）……この子は一九六七年三月に普通の出産で生まれ、三歳まで元気に育ち、二歳上の兄と寄り添って遊んでいました。

当時いた福井でも、一九六五年から始まったアメリカ・ベトナム侵略戦争に反対する平和運動に学生、労働者、女性が結集し、私どもも関わっていたので、この子の名前はフランスの平和主義の心理学者アンリ・ワロン（A. Wallon）に因んだＷＡＲＯと名づけたことを思い出します。一九七〇年代前半頃より高度成長の日本経済がかげりを見せ、物価高が深刻化、大学講師の父の月給でやっていけず、この子が三歳の時より母親が保育所（ナースの資格）で働きもしました。この子も保育所に入りました。半年後、母親は三二歳で求められて保守王国の福井市の議員（定数四〇）に立候補、市で初の女性議員として三位で当選しました。

父親（私）は、大学の組合の委員長（組合員約三〇〇名）として、時には三日間のストも行うたたかいにとりくみ、朝八時に家を出て夜一〇時に帰る生活。母親は地域での日常的議員活動に忙しく、そして議会が始まると夜中に帰らざるを得ない状態でした。

そんな中で、この子を保育園に五時までに迎えに行かなければならないのに、親が忘れ、保育園の園長がタクシーで自宅に届けてくれたことがありました。わが子はその時ひとり保育所に残され淋しい思いをしたことだろうと今も思い出します（本人も覚えている）。このエピソードに代表されるように、親の側がもっと注意すべきだったことがあったと思い出します。

小学校時代（一九七三〜七九年）……この子は、地元の小学校（生徒数約四〇〇名）に入学しましたが、一学期からつまずきました（今でいう「小一プロブレム」）。まず担任より、「家庭で字を書けるように指導してくださぃ。他のほとんどの子が書けますのでよろしく」と連絡帳に書かれ、障害児教育学専門の大学教員である私は「ひらがななどは学校で正しく教えるべき」と言い合いました。そんな中で毎日の「宿題」も夕食後一一時までかかる状態でした。

この子は三月生まれ（早生まれ）で、同じクラスにいる四月生まれの子の発達と一一カ月の差があり、そのことを合理的に配慮した集団指導、きめ細かい個別指導が求められるのですが（日本の戦前の教育でも早生まれ組、遅生まれ組に分けてのクラス分けの配慮した指導例もあります）、当時はそういうことは顧みられず、早くから教える中身を増やす傾向が顕著でした。その背景には、一九六〇年代から経済界が日本の公教育に求めた教育政策、「約五パーセントのエリート」を選別するための「マンパワーポリシー」がありました。一九八四年には、その延長線上に臨時教育審議会がつくられ、新たな競争主義的政策を準備し始めます。

私の次男は当時、兄とともに野球を楽しみ、遊びにも熱中、友人が多かったので、私も特に心配しませんでした。ただ、成績で劣等感が築かれていったと思います。

中学時代（一九七九～八二年）の自我形成を通して……次男が小六の終わりの時、息子の祖父（八三歳）がガンで入院、介護で一家が京都へ移転しました。次男は友人（福井）と離れるのがイヤだと、泣いて抵抗しました。やむを得ず「おこづかいをあげるから」といって京都に連れて行きました。生まれた土地ではなかった京都でしたが友人はすぐでき、中学校はかつて時々荒れる中学で有名でしたが、その時はいい学校生活を送れたようです。当時のことは「忘れない」と本人は思い出し述べています。

いちばん、この子が自信をなくし、人格発達に大きく影響したのは、高校への進路問題でした。本人は近くの公立高校に行きたがったし、合格すると考えていました。担任は、この子の成績ではもし合格しても単位が取れず退学になるから、専願で近くの一つレベルの低い私立高校でいけ、と言いました。本人の希望を考え、公立、私立の併願にして、発表の早い私立は補欠で合格しましたが、公立は不合格でショックを受け、その後の人生で失敗するたびに「公立高校に落ちたのが悔しかった」と語ります。また、先生は「安全パイ」を考えて進路指導をしたわけですが、この子のプライド、自己決定を傷つけたと思っています。

今からの反省として、この時の担任の態度は、やや「押し込め主義」で（たとえばやる気と自信があれば、「公立一本でやれ」という）、本人との話し合いが不十分でした。それに押されるように、親子の話し合いをあまりしないまま「なんとか〝合格〟できればいい」を目指したことに悔いが残ります。

いずれにしても、中学校時代（一二～一五歳）の人格の発達保障は、現実の中にある教育問題、福祉とも関わる重要な問題といえましょう。多少、中学校生活につけ加えますと、クラブは熱心でしたが、悪い友人がいていたずらをしていました。塾も週二回行っていましたが、イヤイヤながらといったところでした。父は大学の管理職、母は市会議員を、この子の中三の時期から一二年やり、忙しい家族でした。

高校時代（一九八二〜八五年）……高校は家から五分の私立の男子ばかりの学校でした。表面上静かな宗教系の高校で、特に休むことなく行ってはいましたが、担任にはいろいろ態度がなっていないといわれ、父親、母親が呼び出されました。一度、義務教育を終えたのだから、高校はもっと自由であってほしい、と高校生の本人が主張したのを思い出します。女友達から電話がかかってきたのはこの時期だけと思います。三年生の時にはバイクの免許状をとり、隠れて学校の近くまで乗って行っていました。成績は中の下でした。

本人は大学進学を希望しました。担任からは、普通の大学は無理と言われましたが、ランクの低いところは嫌がり、一年浪人しました。予備校にブラブラ通学し、先生からは、普通の大学は入れない成績と言われました。結局、他府県の私大（文科系）に入りました。

通学に二時間半かかるので、下宿してアルバイトしたいと三〇万円の下宿代（敷金など）を求められましたが、私たち親は入学金一〇〇万円近くを払ったところでしたので、私は渋りました。本人は怒って意欲を失い、通学ができず、体育（朝一時間目）を休みがちになりました。

私が大学に次男の退学届を出したのは、入学から一年ほどたった頃でしたが、その時点で一単位しかとっていませんでした。父母として、アルバイトや下宿のことを含め、自立への道を考えるべきと反省しています。

立派に十数年間働いた（一九八七〜九九年）……その後次男は、突然、「自立する」といって家出をし、東京に一人で住み、「劇画塾」に通ったそうです。しかしその道は自分には向かないと自己評価して、大手のゲームセンターで二年間アルバイトし、その後、同じゲームセンターの正社員試験に合格しました。数年後、店長になり新宿、杉並、札幌でバリバリ働きました。開店時からのカギの管理、アルバイトの雇用、会計、夜一〇時過ぎて地域にビラをまいてのお客集めなど、今でいうブラック企業なみに働かされたようです。

しかし、この仕事はやりがいはあり、この時期、それまでの自己否定感、劣等感を克服したとも考えられます。今でも、「店長までやったオレ」と、その時の苦労を話しますし、その時の部下との交流もあります。

しかしこの会社は、三五歳を過ぎると、一部の社員が本社、地域の支店の幹部になり、他は地方に飛ばされ売り上げがノルマに達しないと、平社員にされるシステムだったのです。若い労働者を使い捨てるシステムといえましょう。息子は当時、消費者金融から三〇万円の借金があり、私がそれを返しました。それで会社の正社員として残らなくてもいいと思ったのか、社員を辞めて親元に帰り、失業保険で半年暮らし、職探しをしました。しかし、一〇〇回余り就職試験・面接に失敗していくと店長をしたプライドもあり、就職する意欲を失ってしまったのです。

一九八〇年代より派遣社員制度が一般化され、雇用が不安定になり、その影響で正社員の雇用環境も劣化しています。息子の勤めたゲームセンターもそうした社会状況の中で若者を使い捨てるやり方を取っていたといえるでしょう。こうした「雇用の劣化」ともいうべき事態が財界の主張を次々と受け入れる政府によって進められ、労働組合の対応が弱かったことと相まって、息子のようなケースを生んだともいえましょう。

「ひきこもり」の十数年（二〇〇〇年ごろ〜）……ひきこもりのこの十数年といっても、就労していないだけで、（イ）コンビニやＤＶＤの店へは、二、三日に一回以上バイクで外出します。（ロ）一日のうち一二時間ぐらいは起きていて、家でテレビやＤＶＤを見たりゲームをしたりしています。（ハ）近所の人の目を気にしていて、挨拶ぐらいはするものの会話などは避けます。（ニ）親には怒鳴ることもありますが、よく話します。兄弟とは絶えずメール交換しています。（ホ）親に頼まれたらワープロも打ち、買い物など家事もします。ただし、うるさい注文をつけます。（ヘ）本人は自分で「ひきこもり」とは思っていません。自分に合った仕事がないという感じです。働いていない人間は「ゴミみたい」ともいっています。（ト）親のコネを使った就職は断ります。

この十数年についていて経過をふり返ってみます。

第一期　初めの三年ぐらいはハローワークに職探しに行っていました。サービス業の求人が多い中、面接でダメで前述したように約一〇〇回落とされました。自信と意欲をなくしてハローワークも行かなくなってしまいました。アルバイトも自分に仕事を任されないと、二、三日で辞めてしまいました。

第二期　親の家から東京に出て、一年余り親の仕送りで下宿して就労の努力をしました。しかし結果的に定着して仕事につくことはできませんでした。自立への意欲はあるのですが、四〇代の職探しは厳しいといえます。この直後が最も荒れた時期でした。自動車の免許を取り、車を買ってくれというので、理由を聞くと、その車で全国を旅しながら、アルバイトをして生活するというものでした。しかし結局、車を買っても実現しませんでした。

第三期　私が大阪から京都に引っ越すとき（大阪の大学を退職）、家を売ることや引っ越しについて、この子に任せたところ、店長時代の経験を生かし、何社かと交渉して合理的方法で家を売り、安い引っ越しにこぎつけました。

しかし、自分の思いと違うことがあると親を大声で叱りつけ、長々と説教をします。親としての反省は、この子は何かを任されると力量を発揮できることを十分評価しえなかったことにあります。

この一年（二〇一四年）、東京の友人に会うためとか、弟の娘（六歳と三歳）に贈り物をするとか、自分の生活費の一部にと、アルバイト（一日六〇〇〇円、冷凍品のピッキング）に通い始めました。親に説教（特に母親）することも多少少なくなりつつあります。将来の職探しでは、父である私が僧でもあるから葬儀屋をやりたいとか、私が死んだら相続の金で兄や母と共にコンビニ店を開くと話したりします。この本づくりでの仲間にその様子を話すと、「それなりに……、発達の芽があるのでは」とアドバイスも受けました。

家事のことでは、母親がいない時は、食事など責任を持って用意してくれますし、外出時には「何か買ってくるか」と言ってくれます。近所の内科に定期的に通い、血圧降下剤と精神安定剤を服用しています。しかし、一〇日間行ったアルバイトについては、本人の言葉によると、「来ている人は、ゴミみたいな人」と劣等感をあらわにしていました。店長をしたプライドも邪魔になっている面もあります。就労の道は、近いとも遠いともいえません。

中国の有名な作家、魯迅の言葉を思い出します――「希望とは、本来あるとも言えない。これは丁度、地上の道のようなもの、実は地上に本来、道はないが歩く人が多くなると道ができるのだ」（一九二一年「故郷」）。「ひきこもり」の人々の道もそうではないかと考える私です。

わが子に学ぶ

つくづく考えると、わが子はわが子です。性格、学力、個性といいところ、悪いところ、その基礎となるＤＮＡも含めて似ています。私の人生も、一歩違っていれば「ひきこもり」になっていたことに気づきました。ただ、時代背景が違います。私の青春は、日本の高度成長期でした。私は、わが子も言うのですが、「運」よく大学の教員になれただけです。

地位につき、人から期待されれば人は発達します。「ひきこもり」のわが子の方が、私より正義感も強く、経済的合理主義者でムダ使いはしません。私の博士論文の文章を見て、「こんな文章で……」と批判し、「〝てにをは〟がなってない」と厳しい指摘を加えます。

また次男は、母親が病気になった時には、食事を用意したり薬を買いに行ったりと、やさしく気を遣います。弟の娘たちにはアンパンマンのフィギュアやカードなど、姪《めい》たちが喜ぶようなおもちゃを送り、お盆や正月などに弟が家族を連れて帰省すると、家の大掃除を自ら手伝ったり姪たちが喜ぶおせち料理を注文するなど細かく気を遣います（みんなが集まる時には「用事がある」と出かけてしまい、弟の嫁や姪たちに会うのを避けるのですが）。

こういうやさしい面を生かせないかと地域や震災被災地のボランティアに誘ってみたり、友人が経営する干物の製造販売会社（二〇人）への転職を勧めてみたりもしています。ただ本人がなかなかのってきません。

ここまで、「わが子」などと記してきましたが、今や四七歳の壮年です。「外国では一八歳で家を出て自立するのが当たり前」とされますが、私は、「家を出て働き、ホームレスになっても自立して生きよ」と、突き放すことはできません。甘いのでしょうか。私たち親も経験したことのない「ひきこもり」の世界を生きるわが子に、まず共感して寄り添い、生きづらさを支える中で共に学びあうほかはないと思っています。そして、同じひきこもりの家族と交流し学びあうべきと考えています。昔から、「子どもは、親の背中を見て育つ」と、いわれていますが、親が民主的活動（三〇年にわたる、ベトナムの元結合双生児ベトとドクの支援など）をしているから、その背中を見て育ったのだから、「ひきこもり」になどなるはずがないとはいえないと思います。

背中を見てわかる時代ではないのです。私は、自分が民主的な活動について丁寧に詳しく説明をしてこなかったかと今、反省しています。息子にとっては、親のひとりよがりであったと思います。テレビに出る父、市会議員に当選してきた母の背中を見てわかるはずというのは、わが子にとってマイナスの背中になる場合もあります。今の若者はいい意味で「個人主義」であり、親の力を借りないで自立したいとも考えています。

今後の方向を探る

ここまでふれてこなかった精神医学的な問題、発達障害との関係も考える必要がある問題です。この子の「ひきこもり」が始まった十数年前、京都の大病院の精神科を本人に勧め、受診して数回通いました。私も担当医と話しました。医師には「働くのは難しいケース」と言われました。ただ、本人が通院しても話を少し聞いてくれるだけで、その後は近くの同じ系列の診療所で、精神安定剤をもらい服用しています。残念ながら、明白な統合失調症などでない限り、「ひきこもり」の状態に対応できる精神科医は少ないと思われます。しかし、必要に応じて精神科医の支援も必要と考えています。

また、発達障害との関わりですが、私もこの分野の専門家の端くれですが、時として怒鳴られ

「説教」されると、この子は、アスペルガー、ＡＤＨＤ（注意欠陥・多動性障害）ではないかと思うこともあります。ただ私も、前述したように軽いＬＤだったと思いますし、時として、アスペルガー、ＡＤＨＤのような面もあるのかもしれません（学生の声）。この子から「お父さんはアスペルガー違うか」と言われたこともありました。

「発達障害」と「判定」することより、今それならどう対応していくべきか考えるべきでしょう。発達障害は一種の個性といえるとも考えられます。この子は、文章は私より正確ですし、ゲームセンターの店長までした社会性もあります。私たち家族が今すべきことについて、この本作りの仲間のアドバイスも受けつつ、以下のように考えています。

① 食事時の家族三人の会話を大切にする。兄弟の交流も後押しする。
② 自立へのエンジンのかかりは遅くとも焦らず、この子の気持ちに共感し、前向きな方向を後押しする。
③ 就労だけをすぐに考えず、家での手伝いなど仕事として評価していろいろ任せる。
④ 一日の生活リズムを無理をしない範囲で作っていく（食事時間など）。
⑤ この子の夢づくりに共感して、後押ししていき前向きに考える。
⑥ 朝夕の挨拶や仏事も大切にする。
⑦ 父母が感動した本、ＤＶＤなどを勧めるとともに、この子が感動した本、ＤＶＤも読んだり見たりして感想を話し合う。

⑧　暴力などには目を合わせ、はっきり叱るなど対応する。

以上の対応に加えて、若者が生きやすく働きやすい社会づくりの運動を進める必要があります。

（かわもと　たろう）

第2部　サポートする立場で考えること

第1章　生みの苦しみとしての「ひきこもり」

高垣忠一郎

1　「第二の誕生」の生みの苦しみ

〈僕は、自分の意志でこの世に生まれてきたのではない。気がついたら、「ここにいた」。まわりに、得体の知れない世界。いつの間にか成立していた、〈自分〉というもの。引き受けようと、努力した。「与えられた自分」を「自分で選び取った自分」に転化させようとして失敗し、途方に暮れてしまったのがあの状態だった……〉。

（上山和樹著『「ひきこもり」だった僕から』講談社、二〇〇一年）

この文章は、私が考えていた思春期の「第二の誕生」の課題とピッタリと重なります。「ひきこもり」のもつ意味をズバリ言い当てた表現だと思いました。つまり、受け身で与えられた生を「これこそ俺の人生だ」と言えるような人生へと選び直していくということです。その「生みの苦しみ」が始まるのが思春期だと私は言ってきました（拙著『揺れつ戻りつ思春期の峠』新日本出版社、一九九一年）。

その「第二の誕生」が難産になっているのです。一言でいえば、スピードと効率を追い求めて突っ走る日本社会の論理と「競争原理」に圧迫された「狭い産道」をくぐり抜けて誕生しなければならないからです。人間の自立に向けての発達という文脈でとらえるならば、その「難産の苦しみ」の一つの現れが登校拒否であり、その遅延した姿が「ひきこもり」であるという仮説を私はもっていましたが、冒頭に引用した文章によって、そのことを「ひきこもり」当事者の言葉によって裏づけてもらった思いがします。「ひきこもり」はまさに「第二の誕生」に失敗し、途方にくれた状態なのだというわけです。

理不尽な暴力との遭遇

この文章を書いた上山和樹氏は、小学校五年生の時に塾に通い、理不尽な体罰に遭います。地図帳を忘れた罰として黒の油性マジックで顔全体に落書きされたのです。その時彼は、自分が情けないよりも、それを見た時の母が情けないだろうと思って、そっちの方が怖かったのです。自分が傷つくことよりも、親の心が傷つくことを恐れる。こんな感じ方をする子どもが少なくありません。自分がいじめられて「不登校」になったのに、いじめられたことを言って母親が傷つくのを恐れてそのことを言えなかった中学生を思い出します。「それでなくてもオカンは夜遅くしんどそうな顔して帰ってくるのに、そんなこと言えるか」と私に語った中学生です。

問題は、子どもが自分の傷つきやつらさを「ありのままに」さらけ出して、親に見せることができないことなのです。考えてみれば本当にひどい話です。外の世界は恐い、しかもそれから自分をしっかりと守ってくれる存在はいないのです。

上山さんはそれからもいくつかの体罰や暴力を受けた経験があります。中一の時には校則により、丸坊主を強制されました。ある教師の指示に従って校外に出ようとしたら、別の教師にとがめられビンタを受けます。「いや、これは……」と説明しようとしたら、「言いわけすんな」とさらに一発やられます。そのほかにもいろいろ……。

大人の理不尽な暴力に晒《さら》される体験は思いもよらないことであり、しかもコントロールできないことであるので、なにほどかのトラウマになって彼の心に傷として残っているはずです。悪意を孕《はら》んだむき出しの〈現実〉を垣間見た時の、なんとも得体の知れない恐ろしさ。それが彼の心に刻みつけられました。

2　親たちのレポートから

本書第1部にはひきこもる人の親の手記が収録されています。それぞれの個別事例からも共通して見えてくることがあります。

川本さんの息子さんは一九六七年生まれの四七歳。高校進学をめぐって傷つきます。その後の人生で失敗するたびに高校進学が不本意なものであったことを繰り返し語ります。

西村さんの息子さんは一九七八年生まれの三六歳。小二の時に転校をきっかけに不登校になります。でも担任の子どものペースに合わせたとりくみで、ゆっくりとクラスに溶け込めるのです。だが、その後鍛えタイプの少年野球コーチの介入で、体調を悪くし学校を休みがちになり、二度目の「不登校」に陥ります。その時父親が厳しく叱責《しっせき》・暴言を子どもに向けたようです。中学校もさみだれ登校から不登校になります。

佐藤さんの息子さんは一九八八年生まれの二七歳。小学校時代、腸が弱く学校でトイレにいきたくなり、そのことからクラスメートの嫌がらせをうけ、学校側の対応も不適切で、親の対応も不十分だったようです。中学校で上級生の荒れの被害に遭い同級生からの嫌がらせに遭います。そしてついに「不登校」になります。

平池さんの息子さんは一九八九年生まれの二五歳。中学時代、徐々に休むことが増え、中学二年の二学期からぱったりと登校せず、「不登校」になりました。

ここに報告されたいずれの息子さんたちも、中学時代の被害体験や挫折体験を引きずりながら、「ひきこもり」に至っていることがわかります。おそらく小学校・中学校時代の傷つき（トラウマ体験）を引きずり、対人不信のなかでヘルプサインを出すこともできず、あるいは出していても気づかれずに、十分なケアを受けることなく傷が十分に癒《い》えないままに「ひきこもり」にまで至ったといえます。

3 「第二の誕生」と「競争原理」の支配する「高速道路」

受け身に与えられた生をもう一度選びなおし「これこそ自分の人生だ」と思えるような人生へと転化していき、自分自身の人生の主人公になっていくために必要なものはなんでしょうか？　それは何よりも、一人ひとりが「個人」として尊重されることです。佐藤さん（母親）は、「自分は自分、子どもは子どもの人生なのだと思えるようになり、子どもの表情も穏やかになりました」と書いておられます。

戦後日本人がいただいた日本国憲法には「すべて国民は、個人として尊重される……」（第一三条）がもっとも大切な条項として謳われています。この憲法の理念を実現するために戦争という最大の「暴力」が放棄されたのです。だが、人生の主人公として自立しはじめる「第二の誕生」のときに、日本の子どもたちは本格的な「受験戦争」に巻き込まれます。「不登校」は佐藤さん（父親）がお生まれになった一九五七年の頃から日本の社会に登場しています。そして、一九六六年度から文部省がその統計を取り始めました（学校基本調査）。それによれば、オイルショックによって右肩上がりの高度経済成長が終わりをつげ、不況の時代に入った七〇年代半ばから、「不登校」の数が急増し始めたのです。

その頃から、世の中は「受験フィーバー」という時代に入りました。企業の生き残り競争のあおりをうけ、子育てや学校教育に「競争原理」が色濃く影を落とすようになったのです。一般週刊誌に大学入学者の高校ランク記事が出始め、偏差値という言葉が「偏差値教育」という名で人口に膾《かい》炙《しゃ》し、塾や教材にお金をかけるようになりました。そのため、家計に占める教育費の割合が高くなり始めたのもこの頃です。

それと軌を一にするように、「不登校」の数が急上昇し始めたのです。それは何を意味しているのでしょうか？　私はその頃から、カウンセラーとして「不登校」の相談を受け始めました。そして、私の頭に浮かんだのは子どもたちの生活がまるで「高速道路」を走るような生活になっているというイメージでした。

「新幹線」に乗ると心が遅れてついてくる

「高速道路」は、東名・名神高速道路を初めとして一九六〇年代の高度経済成長真っ盛りの頃に作られ始めました。また「新幹線」が走り始めたのは、東京オリンピックのあった一九六四年でした。それらは、スピードと効率を求めるビジネスには大変便利なものです。だが、その同じ原理が生きものである「人間の育ち」に押しつけられたら、どうなるでしょうか？　そのことを考えなければなりません。

私が一九八〇年の頃に教えていた学生が、レポートに「新幹線に乗っていると心が遅れてついてくるのが見える」と書いてくれました。現代人の生活を象徴するような言葉だなと感じました。いつも日本人の生活が早く早くと追い立てられるような生活になりました。子どもたちの生活もそうなりました。

「狭い教室」にたくさんの子どもが詰め込まれ、前後左右密集して走らされる「高速道路」では自分のペースで走れません。それだけでもストレスがたまります。「高速道路」のペースが自分に合っているという子どもはまだいいです。だが、生きものである人間にとって、自分にもっとも快適なペースやリズムは一人ひとりみんな異なります。そのペースについていくのが大変な子どもたちは必死についてゆきますが、そのストレスが心や体の歪《ゆが》みになって出てきます。

高速道路で事故が起きるように、いじめや暴力沙汰が生じても不思議ではありません。また、この調子で走っていたら「自分が自分でなくなる」と恐怖心に駆られる子どもが出てきても不思議ではありません。そういう子どもたちが、サービスエリアやドライブインに退避するように「不登校」になるのです。そこで、彼らは押し殺し、置き去りにしてきた「こころ」が追いついてくるのを待っているのです。だから、私は「不登校」は子どもたちが「人間として育つための時間」をとりもどそうとする試みだとみてきました。

4 「具合」と「加減」と「呼吸」を体得する時間

昔、私がカウンセリングをしていた「ひきこもり」の青年が、カウンセリングから卒業していくとき、「卒業まで長かったなあ、でもその間にボクは〝花がきれいだなあ〟と思えるようになったよ」という言葉を残してくれました。彼は「不登校」から「ひきこもり」へと長い時間をかけて、「花がきれいだなあ」と感じることのできる心が追いついてくるのを待っていたのでした。

ひきこもっている間、彼は、料理やケーキ作りをしていました。ある日のカウンセリングで彼はそのことを話してくれました。「先生いまボクはスポンジケーキをつくっている。あれ作るのがむずかしいですよ」と言います。「何がむずかしい？」と尋ねますと、「具合や加減がむずかしい」といいます。「へえ。どんなふうに？」とさらに尋ねますと、「まず材料を混ぜないといけない。その混ぜ具合がむずかしい。それから、それを焼くのだけど、焼き加減がむずかしい。それは、教科書見るだけではわからない。その具合や加減は実際に自分でやってみて、何度も失敗しながらやっとわかってくるのです」と教えてくれました。

私はその話を聞いてとても感心しました。「なるほど、そうだねえ。具合や加減というものは、何度も試行錯誤して確かめながらわかっていくのだねえ。君は学校には行ってないけれど、とてもいい勉強していますね」と私は彼に言いました。「そうでしょう。先生、ボク、ほかにもわかったことがありますよ」「なんですか?」「材料をかき混ぜるときに力が要る。腕が疲れて力が入らなくなる。それで、体力が落ちていることがわかった。だから、腕立て伏せをはじめてます」ということでした。

西村さんの息子さんもケーキ作りのなかで多くのことを学んだことでしょう。相手と直に体と心を使ってかかわっていけば、何度か失敗するけれど、具合や加減・呼吸が体得されて何とかなる。自信を持てるようになる。それが人間としての成長や自立への手ごたえになるのです。

「新幹線」に乗り「高速道路」を使って走るような、効率とスピードだけを要求される生活のなかでは、具合や加減・呼吸を体得することはできません。失敗して無駄だと思えるような体験をする時間が必要なのです。「不登校」や「ひきこもり」の時間を、ただ「人並み」「世間並み」ではない「負い目」や「自己否定感」を溜め込む時間ではなく、そのような体験をする時間にすることが大切です。

平池さんの息子さんは「あの時しか、あんな時間の使い方は、できなかったと思う。もちろん、これから先も……今は、あの時間は、必要だったと考えられる」とおっしゃったそうですが、そのようにせっかくの「ひきこもり」の時間を使わせてあげてほしいのです。

5　企業戦士の父親たち、そして日本のありよう

登校拒否やひきこもりの相談をうけていると、相談に来られる母親たちから、しばしば「うちの主人は企業戦士だから……」という言葉を聞くことがありました。いま、三〇代~四〇代の「ひきこもり世代」の息子や娘をもつ親たちは、たいてい「高度経済成長」の頃に育ち、「高度経済成長」の終わる一九七三年のオイルショック後の「日本株式会社」を支えてきた、いわゆる「団塊の世代」を中心とする世代です。彼らは、七〇年代半ばには、「モーレツ社員」とも呼ばれました。

ちなみに私（一九四四年生まれ）が二〇一二年の八月に、あるNPO法人の主催する「ひきこもり対応・親対象の一日講座」でお話をしたときに、出席している親御さんたちの年齢層を調べさせていただきました。結果は、生まれたのが一九四四年（六八歳）以前＝一一人、一九四五年（六七歳）~一九五四年（五八歳）＝一九人、一九五五年（五七歳）~一九六四年（四八歳）＝一三人でした。やはり、団塊の世代を中心にする六〇代・五〇代の親が大半を占めていました。

佐藤さん（父親）のように、「ひきこもり」や「登校拒否」の子どもをもつ父親自身から「私は企業戦士でしたから、家庭のことは女房にまかせていました」と反省めいたニュアンスをこめて語られる言葉は何度か聞かされたことはあります。何度かという程度なのは、父親自身が子どものことでカウンセラーをしている私の前に現れること自体がとても珍しいことでしたから……。

残念なことに、その企業戦士の父親たちがしばしば、「ひきこもり」の息子や娘にとって「暴力的」な存在になります。「戦士」の資質は「感じない」ことです。感じていたら戦えません。だから「心にヨロイ」を着て戦っているのです。その「ヨロイ」を脱がないままで、柔らかい生きものである息子や娘と向き合うのです。それでは傷ついている息子や娘を受けいれてやることができません。

日本人は小さな失敗を厳しく罰する傾向があるといいます。だから人々は小さくてよく起こる失敗を減らそうとし、大きくて稀《まれ》な失敗を無視することになるのだという人もいます。そのことはある程度あたっているような気もします。企業戦士の父親が、家庭で妻や子どもの小さな失敗を容赦なく貶《けな》し、叱《しか》りつけるような話は実にありふれています。

たとえば、私がカウンセリングでお会いした「ひきこもり」の娘さんは、小さいときから「企業戦士」の父親にささいな失敗を厳しく「貶されて」きました。「叱る」というより口汚く「貶す」のです。そういう話を聴いたときに、私はよくもまあ可愛い娘をそんなふうにボロクソに貶すことができるなあととてもつらい気持ちに陥ってしまいます。

そして、その父親のことを責める気持ちが内心にもたげるのです。だが、そのことを口にすると、その父親と同じ過ちを犯すことになります。親の小さな失敗ばかりを責めるわけにはいきません。父親たちがそういう子育ての失敗をしでかしてしまうのは、父親たちを「企業戦士」に仕立て上げ、そのような子どもとの向き合い方しかできないような貧しい習性を身につけさせてしまった国や企業に責任があると思うからです。そういう国や企業の大きな失敗をこそ、問題にしなければならないと思うのです。

大の男が重箱の隅をつつくように、小さな失敗を目くじら立ててあげつらい、責めまくり、大きな国政の失敗を見て見ぬふりをしてしまうこの体質はどこから来るのでしょうか？　マクロな視点がなくて、ミクロな視点ばかりがはびこれば、その国は発展しません。大意は棚に上げて小さなどうでもよいような違いにこだわることも多く、日本の男たちは「違いのわかる男」なんておだてられてそうなったのでしょうか？

「ひきこもり」克服のために何が大切か？

ある「ひきこもり」の「オヤジの会」で話し合ったときに、あるお父さんから「親が変われば子が変わると言われますが、親はどういうふうに変わればいいのですか？」という質問が出ました。私はそういう言い方はあまりしませんので、逆に問い返しました。「どういうふうに変わればいいのだと思われますか？」

するとそのお父さんはおっしゃいました。「ストライクゾーンを大きくすることですかねえ」と。私はその通りだと思いました。

今の社会はストライクゾーンがとても狭くなっています。「排除型社会」ともいわれます。力の強い者、権力を持つ者にとって「都合の『よい子』」になってポイントを稼がないと、「ダメな奴」

「迷惑な奴」「コストのかかる奴」として排除される社会です。一九九五年、日経連の「新時代の日本的経営」という提言が出され、非正規雇用が増やされてから、一層拍車がかかりました。社会に包容力がなくなったのです。親もその「モノサシ」で子どもを計るようになりました。ストライクゾーンがとても狭くなったのです。

精神分析を始めたフロイトは、大人になることは「働くこと」「愛すること」ができるようになることだと言いました。日本人は働き蜂といわれるほど、よく働きます。でもほんとうに「大人」でしょうか？　バリバリ働いてＧＤＰ（国内総生産）を上げるだけでは大人ではありません。「愛する」ことができないと本物の大人ではありません。次世代をちゃんと育てる「愛」を持たない社会が成熟した「大人の社会」でしょうか？　まずそのことを考えることです。

愛するとは、一人ひとりを「個人」として尊重することです。一人ひとりをかけがえのない人生を生きる主人公として尊重することです。それが相手を「受け容れる」ということの一番大切な本質です。そのことを抜きにして「フン、フン」と話を聞いているフリをしても、それは「受容」でも「共感」でもありません。相手を「個人」として「人生の主人公」として尊重すればこそ、その人の目にこの世界がどう映り、それがその人の心にどう感じられているのだろうかと、ほんとうに相手の話や気持ちに耳を傾けることができるのです。

そうした余裕をもつためには、これ以上に効率とスピードばかりをひたすら追い求める生き方をやめることです。その手始めに「リニア新幹線」などといった馬鹿げた計画はやめることです。あえて「馬鹿げた」と言いたいです。現在の新幹線でも最速時は時速三〇〇キロで走ります。リニア新幹線だと時速五〇〇キロだといいます。秒速になおせば八三メートルと一三八メートルです。なぜ、狭い日本をそんな速さで走らないといけないのですか？　心ははるか後方に置き去りにされ、遅れながらもついてくることはできなくなるのではないでしょうか？

愛する日本を、最先端技術を見せびらかす「ショールーム」にして、外国客や外国や外国企業の顧客を呼び込むつもりなのでしょうか。その「ショールーム」に暮らす日本人は、最先端技術を見せびらかすためにますます忙しく走りまわるのでしょうか？　「心なき人間」となって「はつかねずみ」のごとく、働くシステムを回すのでしょうか？　外国の観光客はそんな姿を見て喜ぶのでしょうか？　愛を欠いた「ハートレスマン」や「ハートレスウーマン」が、いくら「おもてなし」などとニッコリと笑っても、その言葉や笑顔は心ある人間には響かないでしょう。

そんな社会・世の中になれば、ますますそんな社会や世の中から「ひきこもり」たくなる人々が増えることでしょう。日本の大人たちは自分たちが「ひきこもり」の若者たちをつくり出していることにいつになったら気づくのでしょうか？

（たかがき　ちゅういちろう）

第2章　当事者自身から学ぶ支援のあり方――支援の現場から

青木道忠

私は小学校の障害児学級担任を長く経験した後、大阪障害児・者を守る会のお母さん方から要請をいただき、障害のある人の発達検査やそのご家族からの相談をお受けする活動に入りました。そうした活動を進める中で、次第に増えてきたのが発達障害の人たちに関わる相談です。とりわけ、リンクすることが多かったのが不登校やひきこもりの問題です。この問題と向き合う中で、その人たちの「居場所」や自立の場づくりが必要だと痛感するに至り、ＮＰＯ法人子ども・若もの支援ネットワークおおさか（以下、ネットおおさか）を立ち上げました。

ネットおおさかの最大の特徴は、相談対応にとどまらず、農園や作業所など、「居場所」や就労体験の場を持っているところにあります。また、若者たちの社会参加を支援する関係機関や団体、企業などとの連携・協力関係も一定構築されつつあります。本章では、そうしたネットおおさかの活動の紹介も含め、不登校やひきこもる人たちから学んだことを中心に、その人たちの社会参加やそれにむけての支援において大切にしたいことを考えていきたいと思います。

1　不登校やひきこもる人たちから学んだ支援の基本的視点

S子さんの手記から

現在二一歳のS子さんが、手記を寄せてくれました。

「私は小学四年生の時に、本格的に学校に行けなくなりました。学校が終わって家に帰るととても疲れていて、次の日学校にいく気力が出てこなかったのです。でも、その当時は学校に行けないのは一時的なものだと思っていました。実際、小学五年生の時には半年ほど学校に行くこともできていました。それでも結局中学校を卒業するまで不登校になり、高校は単位制の高校に進学することになりました。今、昔の自分に戻りたいかと問われれば、正直、あんなつらい過去には戻りたくないとはっきり言うことが出来ます。接するのもほぼ家族のみという状況で、自分がこれからどうなっていくのか考えるのはとても怖いことでした。今、当時のように毎日毎日眠れずに家にひきこもっていろんなことを考え続けた日々に戻り、そのしんどさを乗り越えていくようなエネルギーはとてもじゃないけどありません」

S子さんのご両親は、「まじめで学校を休んだことのない子が、家の中で動けないでいる。これは普通ではない」と、彼女を伴って病院を受診されました。結果は、「人と関わることが苦手で、相手との関係を損なうことのないようにとの強い気遣いが無意識に強く働く。そのため、気がつくと知らず知らずのうちに疲れている」と説明され、広汎性発達障害があると診断されました。ご両親は「不登校・登校拒否を考える親の会」にも参加され、彼女に寄り添っていこうと決意されました。やがて、S子さんはご両親と一緒に買い物に行ったり、一人で図書館に行ったりもできるようになっていきました。しかし、学校にはほとんど登校できなかったのは、彼女の手記の通りです。

中学三年生になったS子さんは、葛藤《かっとう》しながらも「自分もみんなと同じように高校に行きたい」との思いを強めていきました。そして、進学先として選んだのが単位制高校でした。学校に行く日数が少なく、接する人も少ないところに着目したのです。現地に何度も行くなどして、通学や学校での過ごし方の練習を重ねての入学でした。そして、学校生活のリズムがつかめた頃に、ご両親の友人の協力を得て、接客のアルバイトにも挑戦しました。短時間で、しかも横にその友人の方がついてくださったそうです。その頃、貧困問題などを取り上げたテレビのドキュメンタリー番組を見て、大学に行ってもっと勉強したいと思うようになったといいます。

「その私は、現在京都の大学の三回生です。京都で一人暮らしをし、大阪の実家には二カ月に一回ほど帰る程度です。大学に進学すると決めた時、受験に合格して入学できたとしてもその先のことは怖くて考えないようにしていました。友だちをつくることははじめから考えていなくて、ただいかに自分のペースで大学生活を過ごすか、いかに疲れずに自分らしくいられるか、その方法ばかり考えていたような気がします。でも、今、私は毎日大学に通い、忙しいけれどもその中で充実して過ごせています。なにより、人と関われないと思っていた自分に、一緒にいて居心地がいいと思える友人がたくさんできたこと、そして素の自分を認めてもらえる場所が持てていることは、大学に入学するまでは想像もできなかったことです。それも、今の私は、無理に周りに合わせているのではなく、あくまで自分のペースで生活を送ることができています」

そして今、S子さんは大学生活を通してさらに深く自分を見つめようとしています。

「日々の生活の中でも、過去の自分がいることで今の自分があることを実感することはとても多いです。はっきりいえるのは、今の自分の生活があるのは過去の自分ががんばってくれたから。自分でも嫌になるくらい考え続けて出してきたいろいろな答えが、積み重なって今の私がいるのだということです。今でもまた同じ悩みを繰り返して、成長してないなぁと落ち込むことは何度もあります。それでも、毎日の多くの時間を楽しく過ごせていて、私は私だから大丈夫と思えるのは、あんなに辛い時間を乗り越えた私なのだからと、不登校だった自分さえも自信の糧《かて》にもしている自分を発見します。今思えば、よくそんなにがんばったな、と思えるほどいろんなことを敏感に感じ取り、たくさんの事を考え、新しい不安に直面し、悩み、傷ついてきました。それでも、そのつど自分なりの答えを考えに考え抜いて出し自分の心の整理をつけてきた、そこまでできた自分に対して私は誇りを持っています」

「私の両親や周りの近しい大人の人は、自分の内にばかり向かってひきこもってばかりだった私を気長に待っていてくれました。そのような環境があったからこそ、今まで述べてきた自分の過去から現在にかけて悩み、考える時間を十分に与えてもらえていたと思います。まだまだ自分の将来像は漠然としていますが、またそのもやもやした中から悩み、考え抜いて答えを出していけるように頑張りたいと思っています」

大切にしたい支援の基本的視点

ひきこもる人たち自身のこうした思いにふれることで、その支援において何を大切にする必要があるのかが見えてきます。

①「ひきこもり」を経験した人たちの多くが、S子さんのように「今の自分にとって、ひきこもっていた時間に大きな意味があった」と語られます。本書の執筆者の一人である平池さんの息子さんも、「今は、あの時間は、必要だったと考えられる」と話されています。こうしたことは、ひきこもって過した時間が単なる「回復（元に戻る）」ためのものにとどまらない意味をもっていたことを示しています。矛盾・挫折と遭遇し、ひきこもらざるを得なくなった苦悩やつらさ、不安や絶望、イライラや葛藤と向かい合いながら、行きつ戻りつしながら新しい「自分探し、自分気づき、自分づくり」を模索する貴重な時間となっていることを痛感するのです。

それはまさしく、挫折・苦悩・葛藤を自らの生き方の豊かさに転化し、新しい自分をつくりだしていく道筋そのものといえます。このことを、本書の編者の一人である高垣忠一郎さんは、とりわけ思春期の「第二の誕生」の問題と重ねながら、「『これこそ俺の人生だ』と言えるような人生への選び直し」の道筋と述べておられます。当事者のこうした姿からは、ひきこもるなどしている人の支援の基本を、その劣弱性を訓練し改善させるとか、単にスキルを身につけさせるとかではなく、その人の新しい自分探し・自分気づき、そして自分づくりに寄り添い、それがより豊かなものとなるように支えるところにあることを教えられるのです。

②そのためにも不可欠なのが、ひきこもる多くの人が陥っている挫折体験を引き金とする悪循環からの転換を図ることです。本書に収録されているご家族が報告されている事例が示すように、ひきこもることになるきっかけのほとんどは、何らかの挫折体験です。それは、往々にしてその人から自信や意欲を奪い、不安を増大させます。そしてそれがまた次の挫折を生むことにつながっていきます。そうしたことが繰り返され積み重ねられていったり、その中で深く傷つくことがあったりすると、「誰も自分を認めてくれない」「わかってくれない」という孤立感や疎外感、そして「おれはダメな人間だ」という不全感や自己否定感、さらには被害感情を強めることになっていきます。

それはしばしば「自分をこんな人間にした親が悪い」、あるいは「なぜおれのような人間を生んだのか」と、親を責める姿となって表れたりします。第1部に手記を寄せられた川本さんは、「お父ん、お母ん、なんでおれみたいな子を生んでくれたんか」と親を責める息子さんの姿を紹介しながら、「極に達した自己否定の言葉です」と述べておられます。まさしくご指摘の通りであり、それだけ息子さんの苦悩が深いことを窺《うかが》わせるものです。こうした状況にある方と向き合うにつけ、基本的安心感を土台とし自己効力感を軸とした自己肯定感をしっかりと培っていくことを、支援の基本に据えることの大切さを痛感します。「ありのままの自分が理解され受け止められようとしている」「愛され・尊重されている」「人に頼りにされ人の役に立てている満更でもない自分」との実感を丁寧に積み上げていくことが、切実に求められていることを実感するのです。

2　その人の状況・段階に応じた支援と大切にしたいこと

ひきこもることになっている人やその家族に対する支援は、前項で述べた基本的視点を踏まえたうえで、それぞれの状況に応じた働きかけをしていくことが求められます。次に紹介するのは、さまざまな状況におかれた方々から学んだことを整理したものです。

ひきこもり当事者の状況に応じた支援

①何が問題か整理できない混乱の時期

挫折感・不全感・拒否感が強くて自分の気持ちや問題が整理できず、絶望や不安、苦悩や混乱が支配的な時期です。誰とも話したくないし会いたくない気持ちが強く、外出できないことはもとより家族との会話にも応じることができなかったりします。「今までの自分」のありようが厳しい矛盾と遭遇したことによって、激しく動揺している姿といえます。

この時期に大切なのは、しつこく詮索《せんさく》したり、「少々のことでへこたれるな」などと叱咤激励《しったげきれい》しないことです。そっと見守り「大丈夫か。元気出るように、あんたの好きな○○をつくったよ」などと本人を思う気持ちが具体的に伝わり、安心できる状況をつくることが大切です。そうしたことで、本人が安心でき、落ち着いて自分と向かい合うことができるようになっていきます。

しかし、困惑と苦悩に囚《とら》われるのは本人だけではありません。家族とりわけ親の困惑と苦悩も大きなものがあります。事態が長引けば長引くほどそれは大きくなり、「こんなことになったのは、この子が不甲斐ないからではないか」と子どもを責めてみたり、「自分の子育てに問題があったのではないか」と自分を責めることになったりしがちです。

加えて、「どこへ相談に行ったらいいのかわからない」とか、「近所や親戚には知られたくない」といった事情が絡んでくると、往々にして問題を抱え込むことになっていきます。多くは、そのことによって事態はさらに悪化し長期化していきます。そうした事態にならないようにするためにも、まず、親が保健所や自治体の福祉課などの行政窓口、民生委員や児童福祉委員、さらには支援団体がわかればそこへ相談し、問題を抱え込まないようにすることが大切です。信頼できる知人などに相談したことで、そうした窓口につながったケースも少なくありません。

その相談に対応した支援機関・団体および支援者には、相談に来られた親・家族が「自分の思いを吐き出せた」「一緒に考えていってもらえるのだ」という気持ちがもてるように、その相談をしっかり受け止めることが求められます。それは、その後の支援を進めていく上で必要な安心や信頼につながるものです。その関係を土台に、親・家族の気持ちに寄り添いながら、本人の言動の奥にあるつらさや苦悩、葛藤やイライラを一緒に読み解いていくことになります。

②エネルギーは低下しているが比較的安定している時期

安心してひきこもれる状況になると本人に一定の安定が生まれ、居間に出てきて一緒にテレビを見たり食事をともにしたりする姿が見られ始めます。時に、洗濯物を取り入れたり食器を洗ったりしてくれている場合もでてきます。しかし、つらかったことは思い出したくもないし、これからのことを考える気力もなく、今のことしか考えないことで安定している時期でもあります。

この時期の中心課題は、本人と家族とのコミュニケーションを豊かにするところにあるといえます。「おはよう」などの挨拶や他愛もない内容から出発して、本人の興味や好きなことなどを取り入れ、会話を楽しみ広げていくことがポイントです。また、洗濯物を取り入れてくれていたりした時に「ありがとう」「助かった」とお礼を言ったり、さらには「あんたと話するのは楽しいよ」「一緒に食事してくれると、気持ちにはりが出てくるわ」など、肯定的に気持ちを伝えていくことが大切です。そうした中から生まれる「自分が親から愛され、受け止めようとされている」という基本的安心感は、本人が落ち着いて自分と向かい合い、新しい自分さがしに出発していくことができる土台となるものです。

しかし、この比較的安定している状況を見て、家族は一応安心するものの、そうした状況が続くと「このまま長引くことになったらどうなるのか」「もし、親が先に死ぬようなことがあったらこの子は……」などの不安・心配が大きくなったりします。また、「自分もつらいことや苦しいことを乗り越えてきた。だのに……」「親が苦労して働いているのに……」などと、もどかしさやいら立ちが強まったりもします。その結果、「いつまでこんなことをしているつもりだ」「これからどうするつもりだ」「何を考えている。しっかりしろ」などと性急に問い詰めたり強く「回復」を迫ったりしてしまいがちです。

しかし、それは、本人に責められていると感じさせて追い詰め、孤立感や疎外感を強めさせて事態を悪化させることになる場合がほとんどです。そうなると多くの場合、そのことが話題にされることを避けようとして、まず自室に閉じこもり家族と顔を合わさないようになります。顔を合わさないようにと家族が寝てから動き出すようになって、昼夜逆転していった人も少なくありません。それが高じて、不安神経症や強迫症、さらには統合失調症など二次的な問題に発展することも稀《まれ》ではないのです。

また、暴言や破壊、暴力という形で、自分のつらさをぶつけざるを得ないところにまで追い込まれる方も少なくありません。深刻なのは、それがさらなる挫折体験となり、「こんなことをしてしまう自分はダメな人間だ」と自己否定感・自己嫌悪感を強めていくことになることです。そのように追い詰められる中で、「自分をこんな人間にしたのは（自分をこんなふうにさせるのは）、親が悪いからだ」、あるいは「なぜおれのような人間を生んだのか」と、親を責めて暴言や破壊、暴力を強め、それが常態化するケースも多くあります。

支援者には、家族のつらさ・苦悩を受け止め寄り添い励ましながら、本人の言動の奥にあるつらさや苦悩、ひきこもることを通して何を訴え・何を求めているのかを一緒に読み解いていくことが求められます。場合によれば、専門スタッフをそろえたアウトリーチ（訪問支援）も必要で有効になってきます。そのことにより閉鎖的になり密室化しがちな親子・家族関係に、外の空気を入れ本人と家族の間に距離を置くことができたりするからです。本人に会えなくても間接的に情報を伝えたり、つながりができたりするきっかけになったりもします。なおアウトリーチは、家族からの要請や本人の同意を得るなど、慎重に行われる必要があることは、いうまでもありません。

③解決の方法を求めて葛藤し模索しはじめる時期

家の中で安心し安定して過ごせるようになると、少しずつ今の自分の状況を見つめ、将来のことにも思いが至り始めます。「このままではいかんなぁ。何とかしなくては……」などと考えたりもします。しかし、まだ不安が大きかったり気力や意欲が十分ではなかったりもします。さらに思考の幅が狭くなっていたり、その方法がわからなかったりする段階でもあります。そのため、非現実的な目標と現実との間で焦ったり、動揺したりすることはよくあることです。親であり本書の執筆者でもあるみなさんの子どもさんたちも同様の経験をされています。

この時期に大切なのは、本人なりの考えや目標を批判しないで「なるほどなぁ。そんなふうに考えているのか」「私も、自分なりに考えてみるわ」などと、聞き、見守るようにすることです。期待しすぎたり先回りしたりしないで、「それだったら、こんなこともあるよ。役に立つかな」「この人に聞いてもらうといいかもしれないね」などとそっと情報を提供し、支援者との出会いにつながった事例もあります。

また、逆に家のことで相談したり、頼りにしたり助けを求めたりすることも大切です。そのことで、「なるほどなぁ。参考にしてみるわ」「家にいてくれて頼りになるわ」などという状況がつくり出せれば、家の中が一段と安心して過ごせる場になります。さらに、そのことが契機になって家庭内で一定の役割意識を持ってくれるようになると、本人の安定はより確かなものとなり、気力や意欲も少しずつ高まっていきます。本書の執筆者であり親でもある西村さんや川本さんの息子さんの姿は、そのことの大切さを象徴するものといえます。

この時期の支援は、アウトリーチも視野に入れながら、ひき続き家族を介しての間接支援もしくは協同支援が基本になります。よりよい情報提供と何らかの形で本人とつながることができるようにすること、さらには相談室や「居場所」への誘導などが、ぼつぼつ課題になり始めます。

④葛藤しつつも解決に向かって歩みだし模索する時期

戸惑い葛藤しながらも、近くのコンビニに買い物に行ったり情報を求めて外出したりし始める時期です。また、支援者とのつながりが生まれ、その支援者からの「あなたの力を貸してください」との依頼を受けると、手仕事や事務仕事などその人に合わせたホームワークなどにも応えようとし始める時期でもあります。

ただ、この時期に気をつけねばならないのは、動き出そうとする姿を見て、あれこれの提案をすることです。この時期はまだまだ強い不安と葛藤を抱えていますので、周りから見て現実的で実現性のある提案でも、本人にとってはその提案に応えられない場合が少なくありません。したがって、「それがだめなら、こうしてみてはどうか」などと新たな提案が次々なされるというようなことが繰り返されると、本人は「一生懸命考えてくれているのに、それにも応えられない自分はダメだ」と自分を責めたり、「こんなこともできないのか」と周りから自分が責められているように受け止めたりすることになりがちです。そうなると、それがまた新たな挫折体験となって、事態を悪化させます。

この時期に、何より求められるのは、本人が安心して自分を出せるようにすることを基本に、相談に乗る形で気持ちや考えをよく聞いてあげることです。そして、「それは、こういうことなの?」と代弁や補足もしたりして気持ちを整理できるようにしたり、「気持ちや考えていることはよくわかったわ。私も考えてみるよ」と間合いを置けるようにしてあげることが大切です。本人の気持ち・意思そしてペースを尊重することは全ての段階で心がけねばならないことですが、この時期においても特段に大切になってきます。

この時期に支援者に求められるのは、そうした関係が家庭内で築けるように、親を支援していくことです。そして、本人が相談室に来ることができるようになると、直接その思いや悩みを聴き、相談に乗りながら安心でき信頼できる関係を築くことが求められます。そうしたことが土台となって、これからのことに見通しがもてるような情報を提供したり、相談室や「居場所」に誘導したりすることができるようになります。

とりわけ、この段階以降において大きな役割りを果たすのが「居場所」です。ネットおおさかの経験でも、「居場所」がひきこもって以降はじめて家から出る一歩となった方も少なくありません。また、「居場所」活動の経験や当事者同士の交流のなかで、就労などに向けて意欲を高められた例も多くあります。さらには、「居場所」で出会った人同士が音楽サークルをつくったケースもあります。「居場所」について定まった定義はありませんが、少なくとも「支援者もいて相談でき、当事者もいて交流もできる」「自由に過ごせるとともに、時には楽しい取り組みや行事もある」「なにより安心して自分を出せる場」であることが大切だと考えています。

⑤自分さがし・自分づくりのための体験に挑戦し始める時期

家族や支援者、さらには同じ当事者同士の関係を基礎に、安心でき見通しが持てるようになると、社会参加に向けての気力や意欲が高まり始めます。この時期には、支援者には、さまざまな社会参加の機会を保障し、よりよい「自分さがし・自分気づき・自分づくり」、すなわちその人らしさを発揮できる生き方づくりを支援していくことが求められます。

就労支援は、その重要な中身の一つとなります。私が所属するネットおおさかでは、ハローワークや自治体労政部門と連携し企業などの協力も得て進めてきた支援の経験・教訓を踏まえ、そのプロセスを「チャレンジプログラム」として整理しています。「チャレンジプログラム」の概要は次の通りです。

A段階＝前述した「④葛藤しつつも解決に向かって歩みだし模索する時期」で述べた支援を進めます。すなわち、本人の気力と社会参加への意欲の高まりをみながら、「あなたの力を貸してください」として事務的・作業的な仕事をホームワークとして依頼したり、「居場所」への参加を勧めたりします。

B段階＝居場所における相談員や他の当事者との交流、さらには「居場所」として計画されている行事やさまざまな体験活動への参加などを勧めます。ネットおおさかが経営する農園の活動や法人内事業所（作業所や児童デイサービス事業）の事業活動への参加などは法人内就業体験にもあたります。

C段階＝就労に向けての意欲や気力の高まりが生まれてきたところで、「居場所」活動や法人内就業体験と並行して、ハローワークや若者サポートステーション、そして法人などによって開催される〝就労支援セミナー〟などを紹介します。その受講を通して、就労に向けての基本的な知識や心構え、期待を高めていくことが目的です。その中には企業などの職場見学などももりこまれます。

D段階＝本人の希望を基本に、企業における就業体験への挑戦を支援します。体験する内容や時間の長短、その時間帯などをその人と相談しながら設定する自由度が高く柔軟な就業体験です。

Ｅ段階＝自由度が高く柔軟な就業体験を重ねる中で、本人が関心や意欲、見通しを持てた内容の仕事について、期間を限定した〝フルタイム〟の就業体験への挑戦を支援します。仕事の内容や期間の長短は、その人の状況や希望だけでなく、企業側の事情によって異なってきます。

Ｆ段階＝それまでの体験を踏まえた上で、期間や時間を限定した〝アルバイト就労・パート雇用〟などへの挑戦を支援します。就業体験先がそのままその場となる場合もあります。そうでない場合には事前の見学や受け入れ先との面談などを経て、本人が見通しや意欲が持てたところから挑戦がはじまります。

以上のようなプロセスの中で、本人も雇用主も引き続いての就労に見通しと意欲が持てるようになると、より本格的な就労・雇用が考えられることになっていきます。しかし、大切なのは、このステップを一直線に進んでいくことが必ずしもいいとは限らないということです。むしろ、「途中でやめること、失敗することも悪いことではない」「大切なのは、行きつ戻りつしながら、自分さがし・自分気づき、そして新しい自分づくりにつなげていくこと」「うまく自分を発揮できた場合でもそうではない場合も、その振り返りを当事者と支援者が丁寧に行って、次に生かすようにすること」、などのことこそ、大切にする必要があると考えています。このことは、全ての時期・段階に共通して、大切にしなければならない点です。なぜなら、その中で培われる肯定的な自己認識と意欲、そしてよりよく自分を発揮する力は、生きていく上で軸となるものだからです。

支援を進めていく上で大切にしたいポイント

ここでは、ひきこもり当事者、そして家族とりわけ親の姿から学んだことを、既に述べた内容との重複を恐れず述べたいと思います。

①本人の意思とペース、その人らしさの尊重の促進を

当事者の姿から学ぶことは、本人が自己選択・自己決定することを助け、その意向を尊重することの大切さです。それを強調するのは、決して「自己責任」を追及する立場からではありません。多くの事例は、自己選択し自己決定することにより、意欲と見通しをもってより積極的にその物事に向かい合うことにつながっているからです。

それだけではありません。支援者とともに行う自己選択・決定に至る検討や結果を受けての振返りが、本人がより深く自分を見つめ現実を吟味する力を自らのものとする機会になっているからです。それは同時に、本人なりのペース、その人らしさを尊重することを意味します。もちろん、具体的に踏み出していく場合には、本人の持つ特性やペースを尊重し、得意とするところの発揮を引き出すとともに苦手をカバーする配慮ある支援が大切であることはいうまでもありません。

これにたいして、本人の意思とペース、その人らしさを軽視した場合には、本人がやる気をなくしたりしがちです。また、やる気があっても周囲に合わせることを強いられたり急かされたりする

ことにより、気遣いが過剰になったり無理が大きくなったりして、結局疲れ果てて傷ついて新たな挫折体験を背負い込むことになります。

ただ、留意しておかねばならないことは、「その人の状況・段階に応じて支援と大切にしたいこと」の項で述べたように、本人が現実から離れた過大な目標を掲げたりすることも起こることです。そうした場合の多くは、足を踏み出せなかったり本人の思っていたような結果につながらなかったりすることになりがちです。その場合でも、「途中で止めること・失敗することは、決してダメで悪いことではない。成功しても失敗しても、大切なのはしっかり振り返りをして次に生かすこと」と励まし、経験・結果（成功も失敗も）から教訓を導き出して次に生かすことができるように支援することが大切です。すなわち、いずれにしても求められているのは、自己選択し自己決定するまでの過程における支援者の助けをうけての見通しの検討や、結果を受けての振り返りを通して、本人がより深く自分を見つめ現実を吟味する力を自らのものとする機会にしていくことなのです。

本書の執筆者である佐藤さんの息子さんは、自分の得意・自分らしさを発揮できる道を紹介され、そこに見通しと意欲を持つことができて一歩踏み出そうとされています。西村さんの息子さんは、ケーキやクッキーづくりを通して自分なりの社会とのつながり方を見つけて（「仕事」を創りだして）おられます。お二人の事例からは、それぞれの人の特性の発揮をひき出しそれを伸ばす方法で社会参加を考えていくことの大切さを教えられます。

このことは、挫折の中で負った心の傷が大きく深くなればなるほど、また社会性やコミュニケーションにおける困難が大きくなればなるほど、一段と大切になってきます。そうしたことが、個人の努力・協力だけではなく地域や企業、とりわけ自治体や国が本腰を据えてすすめられるようになると、ひきこもっている人などの社会参加・就労の展望が見えてくるのではないでしょうか。

②強く熱い愛から深く静かな愛へ

　親のみなさんがひきこもるわが子と懸命に向かい合おうとされる姿からは、「深く静かな愛」の大切さを教えられます。

　自分の子どもがひきこもることになっていくと、まず遭遇されるのはすでに紹介したような大きな困惑と苦悩です。本書の執筆者の六人の方も、例外ではありません。「逃げ出したい（平池さん）」「（本来なら自分が支援する立場なのに）恥ずかしい、人にも言えない（川本さん）」と、それぞれその時の苦しい心境を率直に語っておられます。親のみなさんが次に遭遇されるようになるのが、「ふつう」「当たり前」から外れることや「どこにも所属しない」ことから来る大きな不安であり、いら立ち・焦りです。

　そのことを、佐藤さんは「どこにも所属しない立場が続くと（社会から忘れられ、置き去りにされていくのではと）、不安が大きくなります」と語っておられます。また、西村さんは「学校は行くもの」「社会に出て働くのは当たり前」と叱咤《しった》激励《げきれい》し、登校刺激や就労刺激を繰り返してしまったことを強く悔やまれています。しかし、こうした焦りやいら立ちの奥からは「幸せになってほしいと願い大事に育ててきた最愛の子どもなのに、このままでは将来どうなるのだろうか。早く何とかしてやりたい」という親の熱く強い思いが伝わってきます。西村さんの「将来（親がいなくなった後）の息子の寂しさとつらさを想像して、私の心は迷子になり、ぎゅっと抱きしめてやりたいという衝動に駆られる」という心境はみなさんの思いを象徴するもので、心打たれます。しかし、その熱く強い思いや心配・不安をそのままに子どもにぶつけ、早い「立ち直り」を求めて叱咤激励するなどしていけばいくほど、ほとんどの場合、事態が悪化し悪循環に陥っています。

そうした、親の見方・関わり方も、よき理解者や同じ悩みを抱える親やその集まり、さらには支援者・支援機関・団体との出会いが契機となって、変わっていかれます。すなわち、ひきこもるわが子を安心できる元の状況に早く戻さなければとする働きかけ方から、わが子の現状を受け止め、たとえゆっくりでも本人の主体的な歩みを大切にしようとされるようになっていかれるのです。

本書の執筆者のみなさんは、それを「この子との共感・生活を大切にして（川本さん）」『今のこのまま』を認め、あたたかい眼差しで向き合っていくこと（西村さん）」などと述べておられます。実際、佐藤さんの場合には「ゲーム」がその契機となりました。西村さんや川本さんの場合には、「家事を仕事と位置づけて評価する」などのことが、その重要な内容となっています。注目されるのは、そうしたことが、親が子どもの内面をより深く理解する契機となっていることです。それだけではなく、家事などを仕事として位置づけ委ねた場合には、「助かった」「ありがとう」という感謝や喜びを伝える言葉や、そして小遣いではなく「（感謝と労いをこめた）労働の対価」として渡されるお金は誇りにつながっていることが注目されます。その中で、気持ちの安定と気力・意欲の高まりが生みだされているのです。

そうする中で、親の子どもとの関係の捉え方もまたさらに変わっていきます。川本さんが述べておられるような「わが子はわが子」（自分たちは温かく見守りながら、これからのことは子どもの自己選択・自己決定に委ねよう。この子の人生はこの子のものなのだから）という見方は、それを象徴するものです。そして六人の方は、自分の子どもの問題から出発しながらも、その子どもを通してさらに広く社会的な活動に関わっていっておられます。平池さんは仕事を通して福祉の問題に、西村さんは一人ぼっちをなくす地域づくりの取り組みに、佐藤さんと大塚さん、川本さんはひきこもり当事者と家族を支える活動の中心になっていらっしゃいます。

こうしたみなさんの姿からは、「早く親の望む方向に『回復』する」ことを子どもに求める「強く激しい」愛から、子どもを深く信頼しその思いにしっかり寄り添うとする「深く静かな」愛への転換の道筋をみることができます。それは同時に、親が子どもを一人の独立した人格の持ち主として尊重し、自らも子どもから自立する道筋であり、子どもの問題を契機により深い問題意識を持って社会参加していく道筋でもあると考えます。それは、私たち支援者自身の生き方としても、深く学ぶべきものだと思うのです。

3　権利を保障する立場で

ひきこもることになっている人たちやその家族に対する支援には、継続性と専門性とを兼ね備えた総合的で連続的な体制の構築が必要です。なぜなら、支援対象の方は種々の要因による複合的な問題を抱えておられる方がほとんどだからです。たとえば、発達障害などの傾向がある方の場合は、周囲の理解や社会的な支援体制の不充分さから深く傷つき、二次的な障害をもってひきこもることになる場合が少なくないのです。そのように、多くの方は医療や教育、福祉や労働などの関連する各分野の専門的な支援が、連携して総合的に提供されることを必要とします。

また、本人の状況や抱える困難が厳しいものであればあるほど、長期にわたる支援が求められます。さらに、本人の状況や置かれている家庭などの環境・条件に変化（良くも・悪くも）が生じていけば、それに応じた切れ目のない連続的な支援が重要となってきます。そうした体制の充実が、切実に求められます。

しかし、現実はそうした状況と程遠い状況にあります。自治体の中には、未だにひきこもることになっている人たちの問題に取り組む担当部課・窓口さえ決まっていないところもあります。また、深刻化する当事者の高齢化問題とは裏腹に、厚生労働省の「ひきこもり」の人を対象にした施策から三九歳以上の方が外されています。また、私たち支援ネットおおさかのように、支援団体の活動もボランティアに頼らざるを得ないところがほとんどです。支援団体に対する財政面への公的な援助はなく、自助努力で確保しなければならないからです。こうした課題を改善し解決するための、法制度や施策面の整備・充実が切実に急がれます。

詳しくは他章にゆだねますが、何よりも急がれるのは問題を家族が抱え込まないようにすることです。自治体や保健所などの公的機関における連携した取り組み体制を整え、相談にワンストップで対応できる窓口を開設し周知することが切実に求められます。

それにしても心痛むのは、不登校やひきこもる人たちが膨大に及んでいることです。それは、今の社会のあり方が、人間尊重ではなく利益第一主義の立場に立って競争性や能力主義を強め、社会参加のための障壁を高くしていることを象徴するものといえましょう。あらためて学び・発達し・働き・生きる権利を保障する立場に立った支援の大切さとともに、不登校やひきこもる人を大量につくり出す今の社会のあり方を、根本からあらためていくことの必要性を痛感するのです。

（あおき　みちただ）

第3章　高校を拠点としてできること
――スクールソーシャルワーカーから

井口真紀

思春期は悩みだらけ

高校教師として、教科は日本史を中心に地歴科公民科の科目を担当してきました。担任以外に、進路指導課や人権教育の担当をするとともに、教育相談委員会に所属し、おもに不登校・登校拒否の生徒相談、保護者相談をしてきました。クラブ顧問としては演劇部、社会問題研究部の生徒たちと活動してきました。そんな中で出会った生徒たちは当然のことながら思春期まっただ中、悩みだらけの毎日をおくっているわけです。

高校を卒業してからつまずく生徒もいます。浪人中に気持ちが持続しなくなった卒業生。大学に行ったけれど「自分はこの大学のこの勉強がしたかったのだろうか?」と考えて動けなくなった卒業生。高校時代、友人関係に悩み、また自分をみつめて悩み、進路に悩み、さらに家族のことで悩んで登校できなくなった生徒たち。その課題を一緒に見つめることで、少しずつ学校に来ながら考える方法を身につけて卒業した生徒もいますし、やはり登校はきびしくて留年あるいは退学していった生徒もいます。在職中は、できることならば「卒業」してほしいとあの手この手奥の手をつくしていたような気がしますが、高校卒業はやはり一つの力になったといまでも思います。現在は私立高校の現場にスクールソーシャルワーカーとして残り、やはり在校生、保護者、先生方、また可能な限り卒業生の相談にのっています。

1　高校は悩むところ——進級と卒業をめざして

二年生になって登校しにくくなり、転校を決意して、通信制高校の願書を持ってきた生徒がいました。その願書を前にして話し込みました。「転校は可能だけど、転校しかないの？」とゆっくり話をする中で、授業中はいいけれど、みんなとお弁当を食べるのがしんどいことがわかり、それに対しては面談室というゆるやかな部屋での昼食で、いけるかどうかさぐってみることにしました。昼休み、そっと来て一人でお弁当を食べて、だまって教室にかえっていきました。

ひと月ぐらいすると、教室でお弁当を食べていることが担任からの連絡でわかりました。その後もぽつぽつ来て食べていましたが、やがてまったく面談室に来なくなりました。教室で友人と食べるようになったのです。

同じく修学旅行に行くこともひっかかりの一つでした。「修学旅行に行かない選択もあるよ」と話しました。担任、保護者と話して、キャンセル料が発生するギリギリまで待ち、確認しました。行かない選択をしました。しかしクラスで部屋や班を決めるときは参加の形をとり、もし行きたくなっても何とかなることも含みながら、他の生徒には体調でドタキャンになったことにしました。クラスの友人たちはお土産を買ってきました。

そんな中で、彼は変わっていきました。変わったというより友人たちとどう接していけばいいのかを学んでいったのだと思います。三年生の体育祭にも参加し、文化祭でもメインで活動していました。しんどさは本当でまちがいではありませんが、それがすべてではないことを知ってほしかったのでよかったと思いました。

しんどいとき、別の方法はなかなか見えません。最終的に転校を選んだ生徒も何人もいますが、別の方法の提示はしていきたいと思っています。

2　転校しても悩みはつきない

転校を選択した生徒のサポートも行いました。本当にしんどくて登校できなくなって留年となりました。それでも登校はできませんでした。二回目の留年を前にして、「転校されますか？」と問いました。そのとき保護者が言われたことは「新しい高校に行っても続けられるかどうかわからない。不安なんです」ということでした。

新しい環境になじむかどうかだけでなく、相談する人が変わる不安を告げられたのです。管理職の許可を得て、転校しても家庭訪問は続けることになりました。また転校先の学校にもその旨を告げて連携できるようにしてきました。「新しい学校でこんなことがあった」「こんなことをした」という話から、「勉強がわからない」「では少しみましょう」となり、やがて進路の相談になりました。紆余曲折《うよきょくせつ》はありましたが専門学校を選びました。通信制で週一、二回の通学でしたが、その高校のサポートもしっかりしていて、彼は通学途中の有名なお菓子屋さんでお土産を買ってきてくれるようになりました。人とつながることが見えていったように思います。

その高校を卒業して進学してから家庭訪問をすることはありませんでした。一度、勉強が心配だという連絡はありましたが、それも自分で乗り越え、実習もこなし、現在社会人として生活しています。転校・退学さらに進学によって、相談の相手が異なることは、相談者にとっては、まったく知らない人に一からすべてを話さなくてはならないのです。これは大変な努力を要することだと思います。

3　卒業しても悩みはつきない

在学中に相談にのっていた生徒とは、卒業後もメールでつながっているのでみえてきたこともあります。保健室、担任と連携しながら高校を卒業する、進級することをベースにサポートをしています。社会に出れば厳しい現実があるのだから甘やかしてはいけない、とよくいわれます。してはいけないことで甘やかす必要はありません。でも、自分自身を肯定できない子どもたちに気持ちを寄り添わせていくことは甘やかしではありません。

学校では多くの場合、厳しさが要求されてきました。それは明治のはじめから国家がそう要求してきたからです。青年は軍隊にいずれ入ることが大前提、さらに女性はそれを支える存在になることが目標だったからなのです。その前提をとりはらってもう一度「学校とは何か?」「学校で学ぶとは何か?」ということを考える必要があります。「子どもたちを心豊かな人間に育てるために、学校に求められていることは何か？　そのためには何をしなければならないか?」――こうしたテーマを教育相談的視点から考えてみたいと思います。

今は高校に九八パーセントが進学します。卒業率は中退する生徒もいるので少し落ちますが、このことは、親世代とは異なり高校在籍、卒業の意味合いが変わっていることに留意する必要があるのです。高校に行かない子どももある程度いるのと、ほとんどの子どもが高校にはいっている時代では、社会の受け止め方も異なってきます。高校へ行かなくても大丈夫なはずだけど、あたかも義務教育も受けていないような扱いになってしまうということです。

登校拒否は数字的に減っているかのようにみえますが、適応指導教室の設置、通信制高校の増加によって水面下に入っているのです。学校不適応といわれますが、先ほどの教育的視点からいくと学校が子どもに不適応なのだともいえると思います。長年教育相談にかかわり、子どもたちをみていく中で、高校卒業の意味合いは大きく、できるだけ卒業をめざしてきました。そのことは今でもかわりません。その中で一〇年ほどまえから「ひきこもりを視野に入れて」と言ってきました。それは卒業だけでなく、生きていくためには何が必要かという問いへの解答を探している過程でもありました。そして、できることを考えたとき、卒業しても相談にのることでした。

4　卒業してもサポートできるよ

浪人しても

「一年ぐらい浪人してもいいじゃないか?」とよくいわれます。たしかにそうだと思います。しかし、その一年はかなりしんどいことを知っておいてほしいと思います。浪人中は勉強に集中するためにアルバイトをしてはいけない、運転免許をとってはいけないといっていますが、入学資金をためるためにアルバイトを始めて、どんどんシフトを組まれて予備校から離れていってしまう生徒もいることを保護者には知ってほしいと思っています。

担任の生徒が浪人したとき、夏休みに暑中見舞いというか陣中見舞いを出します。四月からの希望に燃え、どんどん学力がのびる実感がある時期を越えて、なんとなく壁にぶつかる時期だからです。「元気ですか?　どうしていますか?　学校に一度きてみてください」など簡単な挨拶状ですが、何かあれば行ってみようと思うかもしれないからです。

「先生、A君がまったく予備校にきていません」と一緒に浪人している、友達思いのB君から連絡が入りました。A君に連絡をとろうとしましたが、電話にも出てくれません。保護者にきていただくことにしました。ご両親の期待をうけて受験して落ちた経験が、彼の中から離れていませんでした。保護者はそのころの彼の様子に不安を感じておられ、受験ができるのであればどこを受けてもいいといってくださいました。彼は気持ちが弱っていて、「もう落ちるのは嫌だ」をくりかえしました。

保護者の理解もあって、彼の学力で余裕を持って受けられる大学を探し、自己推薦文で受験しました。福祉系でした。彼は自分のひきこもってしまった経験を文章にし、合格することができました。四年間、大学のサポートもあって無事卒業し、難関といわれる首都圏の公務員試験に合格し、報告にきてくれました。

就職しても

希望の就職をしたけれど怪我をして、その仕事が続けられなくなった生徒C君がいました。そのあとはアルバイトをつないで正規就職はしていませんでした。その報告は受けていました。「手がたりないから既卒の子でもいい」という求人の打診が、ある会社から学校にありました。連絡をとり、面接にいき採用となりました。

出社初日、彼の母親から「起きてきません!」と悲鳴のような電話が入りました。就職先に一日待っていただきたいと連絡をいれました。以前からつながりのあった社長さんは快く待ってくださいました。次の日、彼は何もなかったかのように出勤し、まじめに働き、早い段階で正社員にしていただき、働き続けています。何があったかは推測ですが、最初のとても働きたかった職場から、不本意に変わったところで、自分の一生が決まることへの不安があったのではないかと思うのです。学校とのつながりがなかったら、採用は難しかったかもしれません。社長さんに感謝です。

希望大学に入ったけど

希望の有名大学に意気揚々と入学したD君。一〇日目、両親が学校に来られました。「入学式以来大学にほとんど行きません」。高校時代ほとんど欠席もない生徒でした。担任の先生からの連絡で両親とお会いしました。大学入学小論文から関わった生徒でしたので、面識もあり、週に一回、学校での面談を始めました。こちらの思いは面談をしながら、なんとか大学とつなぎたい、少しずつ登校できないか、というものでしたが、うまくいきませんでした。大学には行かず、毎週高校に通ってきました。

保護者は大学に行けなくて苦しんでいる彼を受け入れてくださり、待ちましょうという提案を承諾されました。その間、「大学への届けはどうするか?」「後期の授業料の振り込みはどうするか?」など、細かいことも保護者の相談を受けていきました。大学は続けられないという決断をして、休学届の提出も終わり、彼は専門学校への進学を考えるようになりました。専門学校の合格発表と大学への退学届をどのタイミングでするかなど、保護者ではわかりにくいことも多々ありました。

こうして彼は専門学校生となり、それまでよりうんと遠いのにせっせと通いました。医療系で専門学校といえども厳しく、同級生が落第していくのを、月に一回に減らした面談で心配そうに語ってくれました。月に一から学期に一回の面接になり、今も時々学校に現れます。お母さんからも時々相談が入ります。

大学を中退したら

ずっと前の卒業生E君の保護者から電話が入りました。「大学を中退してからずっと家にいて、家族とも顔を合わせない生活をしている。もとの高校の先生なら会うかもしれないので来てもらえないだろうか?」というものでした。学校の帰りに週一回、家庭訪問を続けましたが、お母さんとお話しするだけで本人とは会えないままでした。半年続けましたが、親御さんを「親の会」につなげたところで終わっています。

もう一人、大学を中退したことを知っていたので気になっていた卒業生がいました。就職係を通してある会社から、中途採用のお話をいただきました。「仕事探してる?」とメールしました。返事がきました。「探しています!」ずっとアルバイトや派遣の仕事をしているので何も身につかない、これからが心配なんだ、ということでした。面接についていき、社長さんとも話をし、正社員になれるアルバイトにはいることができました。

5　そんな中で考えること

以上の事例は、関わった生徒のほんの一部です。それぞれのケースは千差万別ながら、背景として共通の問題があるように思います。高校の教育が終わって、もう一人前といえる時代が過去にはありました。でも、今は様変わりしているのです。若者の生きにくさは、正職員の募集の数が希望者の数を大きく下回っているとき、それを勝ち取れない者は敗者だ、とする現在の社会の中にあります。「グローバルな競争に勝ち抜かなければいけないから、派遣労働者を雇っていつでも首を切れるようにしておかなければならない」という、大企業の論理によって、本来一部の専門職に許されていた派遣労働というシステムが、製造業にも導入されて、労働現場は大きく変わったのです。

そんな労働市場に出ていけない若者を、本人の責任だけを論じていてもらちはあきません。現実に何十万人ものひきこもりの青年がいるのです。彼らの多くはいじめの被害者経験をもっています。自殺者がでれば大きく騒がれますが、自殺を考え、毎日悲しみと絶望の中にいる子どもは本当にたくさんいるのです。

登校拒否の生徒の中にも、人には言えないいじめの悲しみをかかえて動けなくなった子が大勢います。いじめられたとき、自分がダメなのだと思い、自信をなくし、さらに自己肯定感を持てないまま高校にきてしまった生徒をたくさん見てきました。そういう子どもたちはそれとはうらはらに憎しみもかかえているのです。そこの解消なくして、実はひきこもりの問題解決にはならないのです。

カウンセリングを受けるという選択肢もありますが、それとともに、生活実感のある日常が必要なのではないかと考えています。「だれかの役に立った」「こんなことができた」――そんな小さな積み重ねの中から、少しずつ心がときほぐされ、前を見る力が出てくるのだと思います。高校在学中に不安や心配を一緒に考えるサポートがあって、一歩ずつ生活を積み重ねていくことができれば、少し力を持って社会に出て行くことができます。卒業して、うまくいかなかったとき相談できる場所があれば、また歩き出せます。本当にそんなサポートが必要なのです。

一度ひきこもるとそこから出てくるのに、ものすごいエネルギーを必要とします。その状態にある若者が何十万といるのです。近所に知られないように、親戚に知れないように隠し続けて、親も当事者も年をとっていくのです。

その一つの打開のために、在宅の仕事の掘り起こしをしています。一足飛びにどこかにつとめるなんてとてもできません。テープ起こし、クッキー作り、古書売買、コーヒーの焙煎と、地道な努力は今も続けられています。これはこれで続けていかなければなりません。

できることはないだろうか？

現在家にいて、収入のない人がたくさんいる中、少しでも収入を得ることは重要です。秋田県藤里町のように、町でキッシュを作って若者の職場・収入に結びつけているところもあります。社会の構造上の問題で生み出され続ける「ひきこもり」。本人は自分が悪いと思いつつ社会をうらみ、家族は自分の育て方が悪かったのだと、将来を思っておろおろする。その構図こそときほぐされなければいけないものです。

全員が全力を尽くしても、全員がオール五をとることはできません。しかし、人の能力は千差万別です。それを受験学力だけで差をつけているのが、多くの学力といわれているものです。その延長線上に就職があって、勝ったものだけが安定できるのだから勝ちなさい、というのが現在の状況です。そう信じてきたのが親世代です。

「自由な競争だと思われているものの中に、スタートラインからハンディがある場合があるよ、そのことに配慮しましょう」といって純粋な競争による社会から、福祉に目をむけた社会になっていくはずでした。しかし、今それは転換され、国際競争に勝つために、よその国の安い労働力にたより、その国が発展すれば、さらに労働力の安い国に工場を建てる、といういたちごっこの中にいるのです。そしてその中で、国内では若者の雇用が派遣労働へとシフトしてしまっているのです。ここは変えなければいけません。さらに、今ひきこもっている若者が、経済活動だけではなく、社会に参加できるよう土台をつくっていかなければなりません。

6　高校を足がかりにして行政にできること

しかし、高校の現場にいて思うのは、ひきこもりに向かってしまう若者を少しでも減らすという考え方も必要なのではないかということです。そのためには、今まで述べてきたように、高校を卒業したあとにつまずいたときに相談できるところが必要なのだと思います。それもできれば高校につながっている相談場所があれば、何かあったとき相談に訪れることができます。

卒業する生徒に、大学をやめる、あるいは大学で困ったことが起きた、就職先で問題が起こった、浪人中に進路変更を考え始めた、そんなときは帰っていらっしゃい、相談にのります……そんなメッセージを伝えたいのです。退学や解雇などうれしい話でないとき、人はなかなか相談にきません。ですからあえて教師の側からつっこんでみる必要があるかもしれません。出身高校が窓口になって相談をつないでいく、そんな組織を作れば、公立高校でも、卒業後のサポートが可能になります。今、ぜひそのような相談窓口をつくりたいと考えています。

スクールソーシャルワーカー（ＳＳＷ）の設置が政府の中からも出ています。小中学校が中心ですが、できれば高校に、非常勤でなく、担当学校にきちんと入り込んで生徒の様子を把握しておく。在校中からＳＳＷの存在を知らせ、保健室・スクールカウンセラーと連携をとれるようにしておく。卒業時ＳＳＷの存在を再度通知し、また保護者にも知らせておく。こうした措置が望まれます。卒業生にも門戸を開くことで展望が見えてくると思います。ＳＳＷとサポートステーションの連携もできます。切れ目のない支援です。現在ひきこもっている青年へのサポートとともに、ひきこもらずに、社会とつながる楽しさを手に入れるサポートも大切だと考えています。

（いのくち　まき）

第4章　ひきこもり支援の歩みと課題

古庄　健

1　行政によるひきこもり支援の動向

一九九〇年代までは、ひきこもりへの関心は、何らかの関係者の間に限られていました。しかし、二〇〇〇年に勃発した柏崎市女性監禁事件や佐賀西鉄バス乗っ取り事件など、ひきこもりの若者によるいくつかの事件を契機に、世間の関心は高まりました。

二〇〇一年の小泉純一郎政権による「構造改革」は、企業及び富裕層への減税措置、スーパーリッチへの富の再分配、中間層の破壊、貧困層・労働者の低賃金化、福祉の削減を促進して格差社会を生み出すという新自由主義の最悪の結果を招き、その結果、若者の使い捨て社会を生み出すことになります。ひきこもりは、競争社会の中で追い詰められた若者が自らを守る手段として選択されたともいえます。

二〇〇一年には厚生労働省は、ひきこもりの社会問題化におされるかたちで、「一〇代・二〇代を中心とした『ひきこもり』をめぐる地域精神保健活動のガイドライン（暫定版）」（最終版は二〇〇三年）を発行し、保健所や精神保健福祉センターが当事者と接する際の指針としました。その一方で政府は、このままでは若者の職業能力が蓄積されなくなるといった労働政策の観点と、社会保障システムの基盤が崩されていくといった社会保障政策の観点から、この間さまざまな若者支援策を打ち出してきました。

二〇〇三年に「若者自立・挑戦プラン」を策定し、若者向けの就業相談支援機関を開設したり、インターンシップやキャリア教育を推進してきました。二〇〇五年度からは、合宿形式で生活訓練や職業体験を行う「若者自立塾」事業が開設され（二〇〇九年一一月の「事業仕分け」により二〇〇九年度末で廃止）、二〇〇六年度からは「地域若者サポートステーション（サポステ）」事業が開始されました。後者は、働くことに悩みを抱えている一五歳～三九歳までの若者に対し、キャリア・コンサルタントなどによる専門的な相談、コミュニケーション訓練などによるステップアップ、協力企業への職場体験などにより、就労に向けた支援を行っています。厚生労働省が認定した全国の若者支援の実績やノウハウのあるＮＰＯ法人、株式会社などが実施しており、二〇一四年度は全国一六〇か所に設置されています。しかし、サポステの新規登録者数は年間三万人であり、のべ来所者数も五一万人で、八〇万人といわれている若年無業者のほんの一部しか利用しておらず、まだまだ支援サービスが本当に必要な当事者に届いていない状況にあるといえます。

二〇一三年一一月に行われた行政改革推進会議「秋のレビュー」で、若者就職支援に関する事業

（地域若者サポートステーション関連事業）が取り上げられ、サポステ不要論が打ち出され、今後の存続に問題を投げかけています。このレビューを受け、厚生労働省は、予算を大幅に削減するとともに、これまで実施していたサポステ・学校連携事業の実施範囲を大幅に縮小し、就労支援に特化した指導が強化されています。

厚生労働省は、二〇〇九年に「ひきこもり対策推進事業」を創設し、ひきこもりに特化した専門的な第一次相談窓口としての機能を有する「ひきこもり地域支援センター」を都道府県、指定都市の精神保健福祉センターなどに設置し運営する事業と、ひきこもりの長期・高齢化や、それに伴うひきこもりの状態にある本人や家族からの多様な相談や継続的な訪問支援などを行うことを目的とするひきこもりサポーター養成研修、派遣事業が始まりました。

「ひきこもり地域支援センター」は現在全国五六カ所に設置されています（詳細は巻末参照）。その支援内容はさまざまで、常勤職員を置き、家族会や当事者会の運営まで手掛けているところもあれば、非常勤職員による電話相談と関係機関の紹介のみというところもあります。

一方、二〇〇九年には、内閣府を主管として、子ども・若者育成支援施策の総合的推進の枠組み整理や社会生活を円滑に営む上での困難を有する子ども・若者を支援するためのネットワーク整備を目的とした「子ども・若者育成支援推進法」（子ども・若者育成支援施策の基本法）が公布され、二〇一〇年から施行されました。

この法律は、困難を抱えた子ども・若者の支援という個別法的性格とともに、子ども・若者育成支援の基本法的性格をあわせ持っていることから、基本的部分において依拠すべきものは、国内的には憲法、国際的には子どもの権利条約であると明記するなど積極的な一面を持っています。しかし現場からは、①その他の既存のネットワークと構成メンバーが重なる、②実施への予算措置が不明確、③自治体の担当部局が決まらないなどの問題点が指摘されています。このネットワーク（子ども・若者支援地域協議会）は、現在都道府県の半数の設置にとどまり、市町村ではほとんど未設置です。後述の田辺市や枚方市のネットワークも「使い勝手が悪い」ということで、法律上の協議会ではありません。

また、この法律で述べられている「子ども・若者総合相談センター」と、前述の「ひきこもり地域支援センター」との関係も不明確で、都道府県の推進窓口も、ひきこもり支援は福祉部局、子ども・若者支援は青少年部局の二本立てとなるなど混乱も見られます。

さらに、「生活困窮者自立支援法」が二〇一五年度から展開されますが、若者支援でどう活用できるかはまだ定かではありません。

2　民間によるひきこもり支援の現状

こうした行政の動向の一方で、ひきこもる人の家族などの要求にこたえて、当事者を支援する民間の取り組みが始まりました。「第2章　当事者自身から学ぶ支援のあり方」でＮＰＯ法人子ども・若もの支援ネットワークおおさかが紹介されていますが、その他の民間支援機関の取り組みをいくつかご紹介します。

「居場所」の取り組み――淡路プラッツ

淡路プラッツは、大阪市東淀川区にて〝ひきこもり・ニート・不登校〟の若者と家族の支援を行って二〇一四年で二二年目になる通所型のＮＰＯ法人です。現在は、淡路プラッツ、南河内プラッツ、茨木プラッツの三拠点と大阪市不登校児童通所事業を運営しています。

二二年前に不登校の子どもを持つ親たちが集まり、親の会を開いたところから淡路プラッツは始まりました。その後「親だけでなく子どもらも集まれたら……」と、親たちが若者の「居場所」を立ち上げました。

その「居場所」には、ひきこもっていた若者が、ありったけの勇気を振り絞ってやってきます。そして、「居場所」で少しずつ活動が広がっていきます。その中から、コミュニケーション力、自己表現力、自信がだんだんと取り戻され、自分のペースで安らいだり、困ったり、納得したり、時々泣いたり、笑ったりしながら静かに変化し、そしていつかは次のステップに進んでいく――これを淡路プラッツでは「スモールステップ」と呼んでいます。

その時には「打たれ強さや物事を受け流す力、グレイゾーンを受け入れる力」がつき、自立・社会参加するために必要な「社会を生き抜く土台の力」を獲得していきます。そのために「居場所」

は大切な通過点であり、スタッフやメンバー同士がゆっくり、まったり、じっくりと関わり続けています。

淡路プラッツでの支援は、原因の犯人探しをすることではなく、親たちを含めた「家族支援」を行うことでそれぞれの気持ちの持ち方やストレスのかかり方、課題設定や乗り越えることなどさまざまな状態を調整します。それによって、本人も親たちもまず楽な状態をつくり出すことが目的です。そのために親たちには親の会、各種講座、面談（カウンセリング）などの支援を用意しています。民間団体なので、運営も大変で、利用料もかかるなど限界もありますが、できる限り継続してひきこもる若者とその家族が元気になるよう支援を続けていこうとしています。

共同作業所としての「居場所」――エルシティオ

二〇〇二年九月、和歌山県教職員組合の「和歌山県教育相談センター」の元相談員の先生たちが、不登校の相談を受ける中で、学齢期を過ぎても外に出られずひきこもる青年の存在を無視できなくなり、社会福祉法人一麦会（麦の郷）の支援を受けながら、ひきこもる若者の生活支援を目的として共同作業所「エルシティオ」が設立されました。

二〇〇三年一〇月にはＮＰＯ法人となるとともに、和歌山県が二〇〇四年度から、全国に先駆けて開始した「『ひきこもり』者社会参加促進事業」（現「ひきこもりお助けネット事業」）に指定され、県及び市町村で運営補助を受けられるようになりました。

「エルシティオ」の活動は、訪問活動、相談活動、授産活動（コーヒーの焙煎）、出店活動（コーヒーの出張販売）、就労支援、および家族会活動です。ここでは、当事者が相互に支え合い、一人の当事者が持つ課題を解決するために何が必要かを集団で考え、関わることを重視しています。

二〇〇四年には「登校拒否・不登校問題全国のつどいｉｎ和歌山」が開催され、現地実行委員会の事務局を「エルシティオ」が受け持ちました。そのなかで、ひきこもり支援者が実践を交流し、支援者を支える場が必要だと考え、和歌山から呼びかけるようになったのが「社会的ひきこもり支援者全国実践交流会」の発端です。二〇〇六年に第一回大会を和歌山で開催しました。

高校における学校連携――キャリアブリッジ

大阪府豊中市には、二〇一二年度から市内の府立定時制高校で学校連携事業を行って成果を上げている団体があります。二〇〇七年に設立され（二〇一二年法人化）、とよなか若者サポートステーションや豊中市委託事業のくらし再建パーソナルサポートセンター（ＴＰＳ）を運営している、一般社団法人キャリアブリッジです。

定時制高校にはさまざまな課題を抱えた困難層の生徒が集中しているため、学校内に居場所「うーぱー」（和室）や相談室を設け、生徒の学校定着や就労相談に応じています。学校に入り込むことで、進路指導部や各担任の先生方との緊密な連携が可能となり、不登校・ひきこもりや生活困窮、ネグレクトなどの課題のキャッチからダイレクトに支援につなげられるメリットは大きいものがあります。

二〇一三年度は、全校生徒約一九〇人中、五二人が「うーぱー」を利用し、教室に入れなかった生徒が「うーぱー」でほかの生徒と出会うことで授業に定着、進級を決めた事例があります。相談室では、不登校状態になった生徒に先生と一緒に家庭訪問や学校同行を行った事例、職業能力適性検査で適性に応じた就労先を一緒に探し、面接同行・定着支援を行った事例など、学校だけではできにくい支援を行っています。

しかし、「うーぱー」は、毎年のように運営費の支出元が変わり、二〇一四年度に至っては自主運営をせざるを得なくなっています。行政による継続的支援が強く求められます。

教育相談の現場から――教育相談おおさか

大阪では一九八五年から大阪教職員組合・大阪教育文化センター・親と子の教育相談室が教育相談を行ってきましたが、二〇一二年よりNPO法人おおさか教育相談研究所（通称「教育相談おおさか」）として再スタートしました。

毎年、のべ一〇〇〇件を超える相談を、ベテランの現・元教職員の相談員が対応しています。一九八九年には相談員の共同編集による「登校拒否を克服する道すじ」を刊行、その後一九九五年に改訂版、二〇〇九年には三訂版を出しています。

二〇一四年四月には、ひきこもり相談が全体の六割になったことをうけて、「不登校から社会的ひきこもりに移行させないために、その課題について考えあいましょう」という提言を発表しました。提言では、「不登校からの立ち上がりが十分でなかったのは、基本的に教育行政に重大な問題があるためです。また、保護者や教職員などの理解や対応と援助の仕方に不十分さがあるように考えられます」と述べています。

提言では、さらに「不登校の子どもをひとりの人として尊重しながら、適切な対応と援助をするとともに、いき届いた支援をすすめ、子ども本位の教育行政に改めるように考えあいましょう」として、さまざまな課題を提起しています。

「居場所」支援の具体例

「居場所」での支援の様子を紹介したいと思います。

最初は、進学校に通っていたがクラブの顧問とのトラブルで不登校になり、昼夜逆転して家の中に閉じこもって母親に暴力を加えていたA君（大阪）についてです。当初は母親だけが相談に来ていて、本人は「居場所」に出ていくような状況ではありませんでした。そこで、家庭での親子の関係の調整をはかりながら、自己肯定感が育っていくのを待ちました。

一年後、A君は母親に付き添われて「青年の自立支援センターゆう」（後述）に現れました。週に一回程度でしたが、部屋の隅っこで仲間たちの動きをじっと見つめるだけの日々がしばらく続きました。そのうち仲間からの声掛けに少しずつ反応するようになり、週二〜三回となってきました。

パソコンが得意だったので、仲間に教えることで自分の居場所を確保したようでした。退学か転校か悩んでいましたが、A君は自らの判断で退学・高卒認定・進学の道を選択。スタッフが学習支援を行いながら、二年遅れで大学に進学しました。

次は、母親が離婚してパートの掛け持ちで母娘二人暮らしをしていたBさんです。地元の高校を卒業し、専門商社の事務職として働くようになりましたが、職場での上司のパワハラがひどく、鬱《うつ》状態となり退職、そのまま数年間ひきこもってしまいました。母親がコミュニティ・ソーシャルワーカーに相談を持ちかけたのがきっかけで、本人が「居場所」に通うようになりました。最初は男性スタッフには極度の警戒心を持っていましたが、少しずつ落ち着き始め、もともと料理が好きなこともあって、「居場所」の料理教室に参加し始めます。その後、農作業にも積極的に参加するようになり、「地産地消だね」と冗談が言えるようにもなりました。サポステの「しゃべり場」にも顔を出し、自分のことを語るようになり、好きな料理が生かせるところをサポステのキャリアコンサルタントと探し、老健施設の調理の仕事に就くことができました。時々「居場所」に来て調理師を目指す夢を語ってくれます。

3　官民共同ひきこもり地域支援ネットワークの取り組み

これまでひきこもり支援活動を担ってきたＮＰＯなどが受託した地域サポートステーションは、

厚労省から就労支援に特化した指導が強化されているため、ひきこもりについては自主運営や地方自治体の支援でやらざるを得なくなっています。

大阪府では「子ども・若者自立サポート事業」が二〇一二年度よりスタートしました。一〇カ所の支援拠点を整備し、ひきこもり青少年の支援を行うとともに、「高校中退・不登校フォローアップ事業」として、ひきこもりを防止する観点から、NPO法人などと高校が連携し、中退者・不登校生徒への支援体制の構築を行っています。しかし、予算や人員配置が不安定なまま事業を進めざるをえず、現にこの事業も二〇一五年度から予算措置がなくなる予定です。

そのような現状の中で、今、官民共同のひきこもり支援ネットワークが注目されています。それは、①ひきこもりに対する偏見などのため家族が外部の支援を望まない、②これまで地方自治体に相談に行ってもたらいまわしにされた、③民間の支援機関が近くにない、④あっても安心して相談できるかどうかわからない、などの問題に対し、地元の支援機関と地方自治体がひきこもり支援ネットワークを形成し、各機関の連携や相談窓口・「居場所」などをつくる取り組みです。

田辺市の場合

和歌山県田辺市では、「登校拒否の子どもを持つ和歌山県親の会」田辺・西牟婁《にしむろ》支部や和歌山県教組西牟婁教育相談センターなどの要請を受けて、官民ネットワークとしては全国にもほとんどなかった二〇〇一年に、行政関係者や専門家と民間団体からなる「田辺市ひきこもり検討委員会」と市役所内の「ひきこもり相談窓口」が設置されました。この十数年の相談の成果は、約半数の事例が改善に向かい、改善を示さなかった事例の中でも悪化したのは非常に少数であり、窓口が立ち上げた「家族会」や「青年自助会」を利用している事例は、改善に向かいやすいという結果が出ました。

予算も人手も限られた中規模の都市において、行政と民間団体とが協同し、多様な人材が意欲的に委員会に参画し、「窓口」を軸に検討委員たちが有機的に絡み論議し、かつ臨機応変に支えや連携を進めているネットワークをほとんど手作りでここまでつくり上げたことは、ひきこもり問題に悩む多くの自治体にとって大いに参考になると思われます。

枚方市の場合

「枚方《ひらかた》市ひきこもり等地域支援ネットワーク会議」は、田辺市などの先進的な取り組みを参考にして、二〇一二年四月に開設されました。私も含め市内の民間支援機関と、公的機関、市役所の関係部局など二八組織が参加し、全体会と世話人会をひと月おきに開いています。

ネットワーク会議での検討をもとに、二〇一三年に「ひきこもり等子ども・若者相談支援センター」、二〇一四年にひきこもり居場所「ひらぽう」と家族会がスタートしました。

ネットワークの今後の課題について、枚方市役所子ども青少年課の主担当のTさんは、「ネットワークも三年目を迎え、いくつかの事業が動き出したが、今後は支援の質を上げることで当事者や親の要望に応えていくこととともに、継続性をどう担保していくかが大事になってくる」と話します。相談員のAさんは、「市民へのアピールがまだ弱いので知名度を上げていきたい。中卒後の支援と高年齢化について関係機関との連携強化で対応していきたい。中間的就労が今後の課題です」、同じくNさんは「臨床心理士という立場にこだわらず、福祉や教育の面も含めた幅広い支援を行っていきたい。『居場所』や家族会も徐々に充実してきました」と語っています。

4　ひきこもり支援の全国組織の役割

全国社会的ひきこもり支援連絡会議の結成

ひきこもりの民間支援機関は一九八〇年代ごろから各地で、必要に迫られた形で成立してきました。しかし、いずれもその基盤は貧弱で、学習交流する場もなく孤立した中で運営をせざるを得なかったのが現状でした。

そこで二〇〇四年、ひきこもる若者たちと向かい合う中で学習・交流の場を求めたいという思いで、先述した「エルシティオ」の金城清弘代表や和歌山保健所の山本耕平精神保健福祉相談員（現立命館大学教授）ら和歌山県のひきこもり支援者たちが中心になって全国の支援者たちに参加を呼び掛け、全国社会的ひきこもり支援連絡会議が結成されました。

社会的ひきこもり支援者全国実践交流会の開催

二〇〇六年二月には、第一回社会的ひきこもり支援者全国実践交流会を和歌山から始め、東京、京都、北海道、佐世保、岐阜、神戸、宮崎、大阪、沖縄と続き、二〇一六年二月には福島で開催されます。当初は支援者の交流会ということで、家族や当事者の参加は考えていませんでした。しかし、交流会を重ねる中で次第に親や当事者の参加が増えてきました。また、当事者や親の現地事務局への積極的な参加も見られるようになり、佐世保大会からは親の、神戸大会からは当事者の特別分科会が開催されるようになってきました。

また、地域若者サポートステーションの実践者が多く参加するようになるとともに、行政職員も、保健所や精神保健福祉センターのみならず、労働政策や青少年対策を担当する部署の公務員が参加するようになってきました。ひきこもりの心的な課題に対するケアというテーマと同様、あるいはそれ以上に、今、「出口」というテーマが多くの実践者の関心を集めているということがその背景にあります。

大会では、二日間にわたって講演やシンポジウム、テーマ別実践交流会などのプログラムを用意し、最近では七〇〇名近い支援者、行政関係者、研究者、学生、家族、当事者たちが参加しています。テーマ別実践交流会では、①就労と仕事おこし、②学齢期の若者支援～ひきこもり・学校連携、③精神障がい・発達障がいの若者支援、④「居場所」の課題と展望、⑤ひきこもりの高年齢化というテーマで、各地の実践者から報告があり、それをもとに学習交流を行っています。

より広範な若者支援へ

若者のひきこもり状態の背景には、教育問題、家族問題、また地域社会崩壊の問題など、さまざまな要因が、複合化して存在しています。今日では労働市場の厳しさや貧困化が若者の生きづらさを増幅させていますし、そのことがひきこもりからの脱出をより困難なものにしています。

ひきこもり支援は本人のメンタルケアや家族支援といったテーマに限定せず、仕事づくりや住まいの提供、街づくり、社会参加、社会保障拡充などより広い総合的支援のあり方の中で追求される必要が生まれています。そのためには、総合的若者支援を行う必要があります。

全国社会的ひきこもり支援連絡会議は二〇一四年から、ひきこもり支援に重点を置きながらも、より広範な若者支援を展開することになりました。そこで、全国社会的ひきこもり連絡会議の名称は若者支援全国協同連絡会議となり、二〇一五年の第一〇回沖縄大会から社会的ひきこもり支援全国実践交流会は全国若者・ひきこもり協同実践交流会という名称に変更されました。

若者支援全国協同連絡会議は、全国若者・ひきこもり協同実践交流会を中心に若者支援の充実を目指した取り組みをより発展させ、ひきこもりの若者のような生きづらさと向き合う若者たちと共に、多様な分野との協同を通して、より生きやすい社会の創造を目指しています。

すでに、第九回大阪大会では、ビッグイシュー基金から若者ホームレスの報告があったり、韓国で青少年の支援を行っているhajaセンターと福島の若者たちの復興支援を結びつける「福島hajaプロジェクト」シンポジウムも開催されるなど、新しい広がりが始まっています。

支援現場からの政策提言を

政府が、「若者雇用法」を二〇一五年の通常国会に法案提出をすることが報道されています。その原案の中には地域若者サポートステーションも位置づけられていますが、明らかに「就労支援」という枠組みとなっています。

子ども・若者育成支援推進法も、改悪の動きが出ています。それに対してはきちんと批判し、対案を出していく必要があります。

若者支援全国協同連絡会議としては、そのような問題を取り上げ、方針を出し、政策を提言するなど、広く世論を喚起する運動を行う必要があります。

支援者の生活を守り育成する

国の実績重視・就労支援特化・競争主義のやり方が影響し、これまで地域若者サポートステーションがやってきた就労と福祉・教育・医療などとの「谷間」の支援がなくなろうとしています。就労支援以外でサポステに集まってくる若者たちの行き場がなくなろうとしています。ということは、これまで「谷間」の支援をしている人たちの職場もなくなってしまう恐れが出てきます。

「2　民間によるひきこもり支援の現状」でも述べたように、ひきこもり支援を行っている民間支援機関の財政基盤は非常に不安定です。地域若者サポートステーションも単年度認定のため、キャリアコンサルタントや臨床心理士、社会福祉士や精神保健福祉士などの専門職が必要であるにもかかわらず、大部分が非常勤の契約をせざるを得ません。これでは、将来のキャリアパスを描くことが困難になるだけでなく、当面の生活にも影響が出てきます。特に最近では、高校・大学・大学院と多額の奨学金の返還を抱えている支援者は少なくありません。

ましで、地域若者サポートステーションを受託せず、家族からの利用料と地方自治体からの単年度補助金で運営している支援機関の経営は、地方自治体のさじ加減一つに左右されます。そこで働く支援者を、ボランティアだけで回していくわけにはいきません。国の制度として、若者支援の専門職を位置づけることが、支援者の生活を守ると同時に、専門職としての育成を図っていくためにも必要になってきます。

以上のような政策提言や、支援者の支援を行うためにも、若者支援機関と支援者の全国センターが必要になってきます。若者支援に関心を持つ人々を結集し、国や地方公共団体、企業などに働きかける存在をどうつくり上げるかを、若者支援全国協同連絡会議は模索しています。

5　ひきこもり家族会と親の関わり

家族会の全国組織

家族会では、全国組織として全国引きこもりＫＨＪ親の会（全引連）があります。一九九九年、埼玉県岩槻市で奥山雅久氏によって創設され、ひきこもり問題に取り組む全国的な家族会組織として活動しています。地方支部には有力な家族会が加盟しており、社会的ひきこもり支援全国実践交流会にも多数の会員団体が参加しています。ひきこもりピアサポーター事業が厚労省の認定事業となるなど政官界への働きかけにも熱心です。

その他にも、登校拒否・不登校問題全国連絡会に加盟している各地の「親の会」でも、登校拒否・不登校と合わせてひきこもる人の親の交流を行っているところがあります。また全国各地にはＫＨＪとはつながっていない家族会もあり、近畿地区では第九回社会的ひきこもり支援全国実践交流会in大阪に集まった家族たちによる新しい組織「ひきこもり家族交流会」が二〇一四年一一月に発足しました。

親としてどう関わっていくか

登校拒否・不登校の場合は、よかれ悪しかれ学校というバックグラウンドがあり、支援体制もその枠組みで進められてきました。しかし、ひきこもりの若者をかかえる家族は、そのような背景からも切り離されるため、どうしても孤立しがちになります。

ひきこもり支援の基本は、コミュニティで支えていくことだと考えます。コミュニティの調整機能としての官民共同のひきこもり支援ネットワークやひきこもり相談窓口の設立を、各市町村で立ち上げることが求められます。コミュニティの社会資源を使った支援は、二〇一四年に島根県が行ったような民生児童委員協議会の協力で行うひきこもり等に関する実態調査などがあります。これは、行政の判断ですぐにでもやれそうです。また、中間的就労の場づくりや街づくり、仕事起こしは、行政だけでは困難だし、民間支援機関だけでも大変です。官民共同でやらねばなりません。さらに、これまで関心のなかった層にいかに働きかけるかも課題になります。「居場所」のボランティア養成や、就労支援の際のインフォーマル紹介（たとえば津富宏氏の「静岡方式」による「おせっかいおじさんおばさん」の組織化）などが考えられます。

このような取り組みを、親や当事者の要求として行うのは、ひきこもり家族会です。親としては、まず家族会に関わり、悩みや苦しみを交流するとともに、今ひきこもり支援に何が必要かをまとめて官民で実現していくことが求められます。

ひきこもり支援には、私のように親から支援者になったり、当事者からピア・サポーター（同じような課題を持つ立場からサポートを行う人）として関わったりする人がたくさんいます。家族として当事者として悩みながらも、その中から積極的な意義を見つけ出し、支援に関わっていく選択肢も、お考えになってはいかがでしょうか。

私がひきこもり支援に関わるようになったわけ

私は、わが子の登校拒否で、大阪教職員組合の大阪教育文化センター親と子の教育相談室（現NPO法人おおさか教育相談研究所）でカウンセリングを受け、そこに来ていた親と教師、相談員が一九八六年に設立した「登校拒否を克服する会」（大阪府）に参加するようになり世話人となりました。現在世話人代表を務めています。わが子は五年間の不登校・ひきこもりを経て、現在は病院の調理師として働いています。

一九九五年には、教育研究全国集会に参加していた全国の仲間たちにより、登校拒否・不登校問題全国連絡会が結成されました。この会は、すべての子どもたちが、生き生きと自立へと向かって成長できることを願って、登校拒否・不登校のことでひとりぼっちで悩む親や教師がなくなるようお互いに支えあい励ましあい、一人ひとりの子どもたちの発達が保障される教育環境づくりをすすめることをめざす団体で、年六〜七回の「全国連絡会ニュース」を発行するとともに、毎年八月に「登校拒否・不登校問題全国のつどい」を開催しており、私も世話人をしています。

元教師の石井守氏（現社会福祉法人つむぎ福祉会理事長）は、一九八九年、大阪市内に、不登校をはじめさまざまな問題を抱えた子どもや親の相談・「居場所」として、石井子どもと文化研究所を開所、二〇〇一年には社会福祉法人つむぎ福祉会を開設しました。

その後、石井子どもと文化研究所はＮＰＯ法人となり、「青年の自立支援センターゆう」として活動を始め、障害認定は受けていないが自立支援の必要な青年を受け入れるようになりました。二〇〇七年には、障害認定を受けた若者には、無償の障害福祉サービス事業所の「青年の自立支援センターゆう」、対象にならない青年には有償の「ゆうプラス」で受け入れる体制になり、二〇〇九年には厚生労働省の委託を受け、働くことに悩みを抱えている一五歳〜三九歳までの若者の就労を支援する東大阪若者サポートステーションを開設しました。現在、つむぎ福祉会の若者支援では、「青年の自立支援センターゆう」（就労移行支援、就労継続支援Ｂ型の障害福祉サービス事業所）、東大阪若者サポートステーション（就労支援の厚生労働省認定事業）、子ども若者サポートくるみ事業（ひきこもり支援の大阪府・東大阪市委託事業）という三つの事業を展開しています。

私は、民間企業を定年退職後、二〇〇八年、社会福祉法人つむぎ福祉会に入職し、「青年の自立支援センターゆう」の支援員となり、二〇〇九年には東大阪若者サポートステーションの立ち上げに関わりました。また、社会的ひきこもり支援者全国実践交流会には第一回大会から参加し、二〇一四年に開かれた第九回大会in大阪では事務局長を務めました。現在は若者支援全国協同連絡会議の全国常任事務局のメンバーとして活動しています。その活動のなかで、若者・ひきこもり支援を行っている全国のたくさんの支援者や行政関係者、研究者や学生、家族会や当事者会の皆さんと知り合ったことは、私の大きな財産になっています。

（ふるしょう　けん）

第5章　精神医学の立場から

石澤卓夫

この章では、「ひきこもり」を精神医学的観点から眺めてみて、その状態に含まれている可能性があると思われる精神科的疾患についての解説、医学的対応、さらに、家族や周囲の人が知っていて有用であることなどをまとめてみようと思います。

1　ひきこもりと医療

ひきこもりとは何でしょう。医学的な定義はあるのでしょうか。

「ひきこもり」は、疾患の名前ではありません。ひきこもりという状態にあることを示す言葉です。それを状態像といいます。対して、胃潰瘍《かいよう》、高血圧症、糖尿病などは、疾患の名前（病名、診断名）です。各疾患には、診断を下すに当たっての明確な基準があります。また、疾患によって引き起こされた状態は、原因的に見て同一であり、症状や状態も重症・軽症はありますが同一、経過や結果も同じようなものとなることが基本です。加えて、治療方法なども明確に定めることが可能となります。

しかし、「ひきこもり」は、あくまでそのような状態にあるというものなので、原因はさまざま、経過もさまざまで、状態だけは「ひきこもっている」ということです。しかも、どのような状態が「ひきこもり」なのかを示す明確な基準のようなものを設定することも困難です。

ひきこもりの程度、即ち、外出は充分に可能で、自分の用事で出掛けても行けるが、学業や仕事に就いたりすることができないようなレベルから、自分の部屋をほとんど出ることもなく閉じ籠もっていて、家族とも会話がないようなレベルまで、さまざまです。また、家の中だけで生活しているにしても、どのようなことをして日々過ごしているのか、本人にとって有意義なのかどうかなど、それらを考慮すると、一口に「ひきこもり」とはいってもなかなかつかみ所がないともいえましょう。そのような中でも、ある程度の基準を示して「ひきこもり」への対応を行っている医療機関や相談機関があり、厚生労働省でもガイドラインを作成し、定義を示しています。それらを総合して、あらためてここで定義すれば、次のようなことになります。


「若い年齢に始まり、身体疾患や精神疾患がなく、就学、就労などをせず、六ヶ月以上にわたって、家庭内にとどまって生活し続けている状態」（インターネットなどを利用して、「ひきこもり」「定義」で検索し参照してみて下さい）。

精神医学的観点から眺めてみて、ここで問題にしたいことがあります。身体疾患の重症化に伴って外出困難となり、家庭内だけ、あるいはそれに準じた狭い範囲内での生活を余儀なくされている場合、その状態が身体疾患に基づくということでわかりやすいと思われます。即ち、定義からすればそれを「ひきこもり」とは考えないということです。

問題なのは、精神疾患が絡んでいる場合です。「ひきこもり」の定義上、精神疾患を除外することになるのですが、それを除外すること自体がなかなか難しいと思われるのです。長期間「ひきこもり」の状態にあっても、その状態が精神疾患によるものではないという判断は誰が行うのか、とうていい家族や周囲の人にできるものでもありません。つまり、「ひきこもり」の状態にある人の中には、それとはわからぬまま精神疾患が関与していることが充分にあり得るということなのです。精神疾患が関与しているか否かについては、精神科医の診察を受けなければ判断がつきにくいでしょう。

実際に、長期「ひきこもり」状態にあった人の中に、精神科、心療内科を受診した結果、統合失調症や強迫性障害といった精神疾患が見つかることがあります。ここで一つ重要なことがあります。もし仮に、「ひきこもり」の状態に精神疾患が関与しているとすれば、それが治療の対象となり得るということです。関わりの対象から治療の対象へと変わるのです。ある意味では、目標が明確化するとも言えましょうし、そこが大事なポイントで、精神医学的な治療を受けることによって「ひきこもり」の状態が緩和される、あるいは解消されることがあり得るということなのです。もちろん、治療困難な症例もあるのですが、精神科医療が関わりの糸口になることには大きな意味があると思われます。

2 「ひきこもり」の状態に関連する精神疾患

「ひきこもり」の状態に関連する精神疾患にはどのようなものがあるのでしょう。

精神科、心療内科で扱われる疾患はたくさんありますが、それらのほとんどが多かれ少なかれ「ひきこもり」状態の要因となり得るといっても過言ではありません。

例えば、パニック障害。ある日突然引き起こされた強い不安感を伴う自律神経症状(胸部不快感、動悸《どうき》、息苦しさ、過換気発作などの症状)のために、救急受診。いろいろな検査を受けた結果、身体的な異常所見は全くなく、身体的には健康ですと診断されたにもかかわらず、その後も同じような症状が頻発。そうこうしている中、はじめに出現した症状の印象があまりにも強烈であったため、同じような症状の出現を自分で予想してしまい(これを予期不安と言います)、不安感、恐怖感のために外出が困難となる状態に陥ってしまう。やがて自然に症状が改善してしまう場合もありますが、不安のため自由な行動ができないという症状が長期間続き、自力では改善されず、半年以上、中には年単位にわたって家の中か自分が安心できる狭い領域の中だけで生活せざるを得ないというような症例もあります。当然のこと就学就労は困難です。これはまぎれもなく「ひきこもり」の状態といえるでしょう。

身体的には健康ですから、家の中で生活する分には、さほどの差し障りもなく、いたって普通で、周囲の人たちも、パニック障害ということを知らなければ訳がわからないと判断してしまうことでしょう。このパニック障害は、適切な治療によって比較的容易に改善します。

他に例を挙げれば、思春期妄想症、統合失調症、強迫性障害、神経症性抑うつ状態、躁うつ病などさまざまな疾患が「ひきこもり」状態に関与する可能性があります。この項では、思春期妄想症、統合失調症、強迫性障害について考えてみたいと思います。

3　思春期妄想症とは

文字通り若年（思春期頃）に発症する妄想性疾患です。自己臭妄想（恐怖）、自己視線恐怖、醜形恐怖など、自分には身体的異常性があると確信し、それが他者に対して不快感を及ぼしていると妄想し、そのことによって逆に他者から嫌われていると思い込んでしまうといった症状を呈する疾患です。

自己臭妄想とは、自分の身体から不快な臭いが発せられていると確信してしまう症状です。例えば、糞便臭、不快な汗の臭い、体臭、口臭があると本人が思い込み、そのため常に周囲の人を不快にしていると思考してしまうのです。実際には本人から発せられる臭いは全くありません。あくまでも本人が主張する臭いというものは妄想であるため、周囲の人がそのような臭いはしないと否定してても納得するものではありません。家族などが「気になるような臭いはない」と本人に言ってみても、その言葉は自分をがっかりさせないためにわざと言っている嘘なのだと解釈してしまいます。

自己視線恐怖とは、自分自身の視線が相手に対して不快感を及ぼしていると確信してしまう症状です。今この本を読んでいる皆さんの中には、にぎやかな街に出たりした時に、他人の視線が気になって思うように行動ができにくいというような経験をした方があるのではないでしょうか。ここで注意してほしいことは、自己視線恐怖とは、相手の視線が気になるのではなく、自分の視線、自分が相手を見ること自体が相手を不快にしてしまうと確信してしまっている状態ですので、単なる視線恐怖症ではないということです。

醜形恐怖は、醜貌恐怖とも言いますが、自分の顔や容姿などが醜いと確信し、そのために相手に対して不快感を与えてしまうと思い込む症状です。「あなたの顔や容姿は人並みでしょう」と言ってあげたとしても、自己臭妄想と同じように、自分に対しての気休め的表現と受け止められてしまいます。思春期妄想症は以上のような症状が出現する疾患単位ですが、それぞれ独立して、自己臭妄想症、自己視線恐怖症、醜形恐怖症と、それぞれ一つの疾患として診断されることもあります。自分の誤った確信（妄想）のため、外出したり、人に会ったりした時に、自分は避けられている、嫌われているのだと思い込んでしまいますが、被害妄想ではありません。あくまでも自分の異常性が相手を傷つけてしまうという思考が先行しているのであり、むしろ加害妄想といえるものです。

思春期妄想症は統合失調症とは異なり、幻聴は出現しません。

思春期妄想症にあっては、その妄想のために対人的恐怖感が先行し、社会参加が制限されてしまうかあるいは不可能となってしまったり、外出も困難となるなど、「ひきこもり」状態を形成してしまうことがあります。

4　統合失調症とは

統合失調症について、どのような疾患なのかを簡単に説明するのはとても難しいものです。ことにこの分野を一所懸命に勉強してきた者にとってはより一層難しいものとなります。勉強することによってより説明が難しくなるなんて、おかしな表現と思われるかもしれませんが、事実そのようなことなのです。

統合失調症に関しては、その概念から始まって、原因論、症状のとらえ方などをめぐっても多岐にわたる考え方があり、しかもそれらは身体疾患のようにほぼ全ての医療関係者が認めることとして統一されているわけでもなく、主要症状にしてもさまざまな議論があるため、深く勉強すればするほど、その正確な把握にこだわらざるを得なくなり、簡単に説明することを難しくさせてしまっているのです。何しろ一〇〇年以上もかけて議論されてきているにもかかわらず、いまだに簡潔にこの疾患について説明することを阻まれているのですから、実に困ったことなのです。

この統合失調症が、精神医学の分野においては第一番に重大な疾患であったこと、身体疾患のように、身体をその機能を考える上でほぼ機械的に扱ったり、冷静に良い意味で物として見るという作業ができにくかったこと、つまり精神というものが人間の存在の本質的なものをつかさどる機能であるために、哲学的な思考をも含めて神聖に論じられなければならないといったこともあったでしょう、そのために複雑な議論の上にこの疾患をより正しく厳密にとらえなければならないとする思いが強かったと思われ、結果的に、説明したり理解したりする上での単純さは犠牲となってしまったのかもしれません。この本の主旨からはいささか外れてしまったかもしれませんが、人の精神を診断したり、治療したりすることに関して、先人がとても苦労したのだということをわかっていただきたいという思いから、あえてこのようなことを書いている次第です。

さて、では精神科医や心療内科医が統合失調症の診断を下すにあたってひどく悩むのかというと、実のところそうでもありません。精神科医や心療内科医は、現在ある主な症状や状態を把握することによって比較的簡単に診断を下してもいます。統合失調症をどのような疾患であるかという問いに答えるのは難しいのですが、大体においてこのような症状があれば統合失調症と診断できるというあたりは、精神科治療の経験を積んだ医師ならば心得ているものなのです。ではいったい、経験を積んだ精神科医や心療内科医はどのような症状に注目しているのでしょうか。まずは陽性症状といわれる幻覚や妄想です。

幻覚とは、聴覚、視覚、嗅覚、味覚など生物が持つ知覚に現れた異常です。それぞれ幻聴、幻視、幻嗅、幻味といいます。さらに付け加えて説明すれば、自分のほかには何もないのに、実際にあるかのように体験してしまうといった異常です。対象のない知覚といってもよいでしょう。これに対して、そこに実際にある対象を誤って知覚してしまうことを錯覚といいます。

具体的に説明すれば次のようなことです。例えば、周囲には誰もいないのに、人が話しかけてくる、命令してくる、誰かの声が自分の行動や考えを邪魔するなどの訴えがあれば、聴覚に関した幻覚である「幻聴」の症状が存在すると判断することになります。いるはずのない人が目の前にいるのが見える、夜中に小さな動物が走り回っているのが見える、あるはずのない物が見えるといった視覚に関しての幻覚を「幻視」といいます。嗅覚、味覚に関してはそれぞれ「幻嗅」、「幻味」があります。

統合失調症の場合の幻覚症状は、ほとんどが聴覚に関しての幻覚、幻聴です。次に幻嗅が多く出現しますが、幻視はむしろまれです。幻視が訴えられた場合、精神科医は診断を下すにあたって、統合失調症ではないかもしれないと思いながら診察を行うこととなるでしょう。幻聴は本人によって訴えられることもありますが、本人は当然それを現実と思っているため、あえてそのような訴えをしないことの方が多いものです。本人が一人でいる時にあたかも誰かと会話をしているような独り言（独語といいます）などが見られれば、幻聴の症状によるものかもしれません。

他者と話をしている最中にも、時々話が途切れ、その間に唇が誰かと会話しているように動くなどを認めたら、それが幻聴によるものかもしれません。また、時々一人でくすくす笑っているなどの状態を認めたら、それが幻聴によるもの（空笑といいます）なのかもしれません。

妄想とは、現実に対して生じてしまった誤った確信、周囲の人から見て明らかに誤った内容であるにもかかわらず、その考え方に確信を抱き、訂正することができない思考内容のことです。そのような考えを改めさせようと試みても、本人の確信はそれを上回るために応じることはできず、訂正することができません。妄想の内容には種々ありますが、統合失調症の初期の症状としての妄想はほとんどが被害的なものです。

次に例を挙げてみましょう。「近所で自分に対しての悪い噂が流されている」「街を歩いていると、近くにいる人や通り過ぎる人が自分を注目して見る」「学校や職場でみんなが自分を嫌っている。自分を陥れようとしている」「周りの人の言動や世の中のできごとなどが妙に自分と関係があるように思う」「ある組織に属している人が自分を尾行している」「常に誰かに見張られている」など、これらは統合失調症によくある妄想です。もし、周囲の人が本人に、「そんなはずはないだろう。あり得ない話だ。もっと冷静になって、そのようなことを考えるのはやめなさい」と言い、それを本人が受け入れて考えを訂正したとすれば、それは妄想とはいえません。これを妄想様観念といいます。妄想はあくまでも訂正不可能なのです。それは本人にしてみれば誤った考え方ではなく、真実であり現実だからです。

幻聴や妄想以外に、日常生活での会話や行動にまとまりがなくなったりするといった症状も現れます。表情が硬くなってきたり、表情の変化が乏しくなったり、生活全般に対しての活力が失われたような状態となったり、何ごとに関しても意欲が低下してしまう状態となったりもします。それらは急激に出現するのではなく、徐々にゆっくりとした変化という経過で現れますので、周囲の人もその変化に気がつかないことが多いと思われます。何カ月か前の状態と比較すればその変化に気がつくでしょうが、統合失調症がその背景に潜んでいるとは思えないこともあるでしょう。そのような症状を、陰性症状といいます。

以上のようなことを踏まえて、統合失調症について思い切って簡単に説明するとすれば、「幻覚（主に幻聴）や妄想（主に被害的内容）といった症状が出現し、徐々に日常生活全般にわたって本人の言動に変化をきたし、対人関係が障害され、社会的にも適応困難となり、家庭内での生活機能面でも障害されていく疾患」といえるでしょう。統合失調症が原因で「ひきこもり」状態となることは容易に想像できます。

統合失調症に関しては、以前は治療困難な精神疾患の代表のように思われていましたが、近年は新しい治療薬の開発などで大幅に治療効果が改善されてきています。どのような疾患にもいえることですが、統合失調症にあっても早期発見、早期治療が大事です。早期に発見され、早期に治療を受けることで、社会生活に全く支障がないレベルにまで改善する例がとても多くなりました。以前は、統合失調症で入院治療を受けなければならない症例が数多くありましたが、最近ではめっきり少なくなりました。統合失調症が軽症化したのだといわれてもいますが、一昔まえに比べて精神科や心療内科を受診することについて人々の抵抗がなくなり、疾患が早期に発見されて早期に治療に入るケースが増えたからであると解釈すべきなのではないかとも思います。

統合失調症の治療では、幻覚妄想症状の活発な急性期には、薬物療法が主役です。急性期の症状が一段落すれば、病状のために低下した日常生活機能や社会生活機能を回復させるための治療を導入していくことになります。生活技能訓練、作業療法、デイケア療法などが導入されます。

5　強迫性障害とは

強迫観念と強迫行為を主症状とする疾患です。ある種の考えや行為に対してこだわりや、とらわれが強くなり、それらを容易に消去あるいは中止できず、放っておけば症状は徐々にエスカレートすることもあります。

強迫観念について説明しましょう。自分の意志とは無関係に繰り返し生じる、不安を伴った考えのことで、それが自分でも理屈に合わないと思えるのに、生じてしまう考えをコントロールできず、取り払おうとしてもなかなか取り払うことができない思考のことです。自分でもその不合理さを自覚できるという点が統合失調症などの妄想とは異なるところです。「自分を傷つけてしまうのではないかと考えてしまう」「他人を傷つけてしまうのではないかと考えてしまう」「どこかで火事があったりした場合、それが自分と関係があるのではないかと思ってしまう」「自分が不潔な物をまき散らすのではないかと思ってしまう」「物の位置や対称性が気になって仕方がない」「不完全がゆるされ、常に完全にしておかないと気がすまない」。

その他にも、さまざまな強迫的思考内容がありますが、以上のような思考が繰り返し起こり、それによってひどく不安をかき立てられるといった症状が出現します。これらの思考は、頭にこびりつくような感じであり、不快感を生じさせます。

強迫行為について説明しましょう。強迫観念によって生じた不安や不快感を一時的に軽減させようとする行為で、繰り返し行われる行為、儀式的な行為、過剰な確認などが挙げられます。手が清潔であることにこだわり、何度も繰り返し手を洗ってしまう。戸締まりやガスの元栓、電気のスイッチなどの過剰確認。忘れ物をしないようにとの過剰な確認。間違いを避けるための過剰確認。何度も同じ所を行ったり来たりする。同じことを書いては消し、消しては書きの繰り返し。過剰なリスト作成。物を捨てられず過剰にため込む。これらは強迫的な行為として、この疾患によく見られる症状です。強迫行為は冷静に考えれば実に不合理なことなのを、本人自身よくわかっているのですが、その行為を中止することによって湧き起こってくる不安を解消するために、さらに繰り返しその行為を継続してしまいます。強迫行為によって一時的に不安が軽減されるのですが、その一時的な不安の軽減が実は厄介な問題なのです。あくまでもただ一時的に不安が解消されるだけであるにもかかわらず、その一時的な不安軽減を求めすぎて、強迫行為に対して過度に依存してしまうという精神的回路ができてしまうのです。

強迫性障害では、軽症であれば症状があっても日常の生活や社会生活にそれほど大きな影響を与えませんが、徐々に重症化してくると、それらに大きな影響を及ぼすことになりかねません。本人の日常生活における行動範囲が限られてきたり、気になることが増えたり、またその度合いも強くなるなどしてとうとう外出困難となってしまうこともあります。強迫行為に多大な時間を割かなければならなくなったり、家の中でも通れない場所ができてきたり、不自由極まりない生活を強いられることにもなります。

「ひきこもり」状態を示す事例に、強迫性障害が含まれている可能性があるということは想像できると思います。「ひきこもり」状態の事例の中には、強迫性障害と診断され、治療を受けて改善していく場合も多くあります。強迫性障害では、家の中にひきこもるだけではなく、家族に対しても不必要な手洗いを要求したり、特定の物に触れることを禁じたりと、周囲を巻き込んでしまうことがしばしば見られ、家族全体の生活に深刻な影響を与えてしまうこともあります。家族は本人のつらさを充分に理解できるために、本人の支えになろうとするあまり、安易に本人の要求に応じて巻き込まれ、抜き差しならない状況が出現してしまうようなケースもあります。

強迫性障害は、適切な治療によって治療可能な疾患です。明確な治療方法も確立されてきています。中でも、行動療法の有効性が実証されてきており、注目に値します。強迫症状に対しての行動療法には、暴露療法と反応妨害法とがあります。

暴露療法とは、不潔恐怖などによってこれまで触れられなかった物にあえて触れてみる、あえて立ち向かってみる治療法です。恐怖に立ち向かうのですから、初めはとても不安ですが、何度か立ち向かううちに、不安感の度合いは下がり消失します。

反応妨害法とは、これまで不安を一時的に解消させるために行っていた強迫行為をあえて中止しようとすることです。これも初めは中止によって不安感は増強しますが、やがて不安そのものの度合いは下がってきて解消されます。行動療法と並行して薬物療法も行われ有効であることがわかっています。症例によっては薬物療法だけでもかなりの改善が見込めます。

6　精神科、心療内科治療で用いられる薬剤はどのように効くか

人が生活していく上で必要な運動機能や感覚機能、そして精神機能には、脳が関与しています。脳はおびただしい数の神経細胞集合体です。一つ一つの神経細胞がたくさんの突起を伸ばしてつながり合ってネットワークをつくり、そのネットワークがある種の機能をつかさどっています。

神経細胞と神経細胞が連絡し合うにあたってのつなぎ目、連結部分をシナプスとよびますが、そのシナプスには神経伝達物質とよばれる物が介在しています。この神経伝達物質が、脳内ではきわめて重要な存在です。ある神経細胞から他の神経細胞へ情報を伝達するにあたっての役割を担っているのです。神経伝達物質がなければ神経細胞どうしのネットワークはうまく機能しません。神経細胞の集合としての機能も生まれてこないのです。脳の機能はこの神経伝達物質によるといって差し支えありません。

脳内にはいくつもの神経伝達物質があり、これまでに五〇種類以上は確認されています。またその働きがある程度わかっているものは二〇種類くらいといわれています。これら神経伝達物質が、われわれの思考、感情、快不快、意欲などに関わっているのです。神経伝達物質の量、それらに対しての神経細胞の感受性は見事にバランスがとられています。その絶妙なバランスによってわれわれの精神機能の平穏が保たれています。そして、時にそのバランスが崩れてしまうようなこともあり、その結果、知覚や思考、感情、意欲などに支障を来してしまうことになるのです。それら症状として現れたものが、幻覚であったり、妄想であったり、強迫であったり、抑うつであったりする訳です。

近年の神経伝達物質についての研究成果には目覚ましいものがあり、それらに基づいて新しい薬が開発されてきています。また、これまでに開発され使用されてきた、治療上有効な薬についての作用機序があらためて解明されてもきています。働きのわかっている神経伝達物質であるドーパミン、セロトニン、ノルアドレナリンなどに作用する薬が有効な治療薬として、効率よく使用されるようになってきています。

精神科、心療内科で使用される薬は、一般に「精神安定剤」とよばれますが、そのような名づけ方はもはや正しいとはいえないとも思えます。神経伝達物質調整薬と名づけるなり、ドーパミン作動薬、セロトニン作動薬、ノルアドレナリン作動薬などとよぶべきでしょう。実際、そのようによばれつつあります。ドーパミン作動薬は幻覚や妄想の軽減消失や強迫症状の軽減消失に有効であり、セロトニン作動薬やノルアドレナリン作動薬は抑うつ状態の解消や強迫症状の解消に有効です。精神科、心療内科の治療で用いられる薬、精神安定剤といわれる薬は、実は脳内の神経伝達物質に作用しているのです。「ひきこもり」状態にある人の症状を詳しく調べ、そこに潜んでいる精神疾患が明らかとなれば、症状に関与している神経伝達物質、ターゲットとなる神経伝達物質を想定して、有効な薬を処方することにより、その症状が改善されていくことに期待が持てることとなります。

薬の処方、つまりどのような薬を選択するのか、薬の量をどのように調整するのかは、症状とその重症度によって決められます。よりよい処方が重要なのはいうまでもないことです。そのためには、医師が正しく症状を掴むこと、それが何よりも重要です。正しい情報をいかにして医師が知りうるか、そして本人や家族が医師に対していかにして正しい情報を提供できるのかが問われることになります。

7　精神科、心療内科を受診するにあたって大切なことの一つ

初めて外来を受診する際に大切と思われることは多くありますが、ここでは一般にはあまりいわれていないことを皆さんにアドバイスさせていただきたいと思います。正しい情報提供と薬の処方との関係については前述しましたが、少し工夫することで正しい情報提供がしやすくなるというこ

と。診察を受ける時に、必要にして充分な情報を医師に提供できるようにするための工夫に関してのアドバイスです。

長期間「ひきこもり」状態にあって、本人や家族が困っていることをどのように表現したら相手にわかってもらえるのかがわからない。何とか診察を受けには来たものの、何から話していいものやらわからない。このように、実際の診療の場面では、何をどのように話したらいいかがわからないといった訴えをよく聞きます。

その通りでしょう。長期間にわたる本人の状態や家の中での状況、家族の苦悩をうまく説明するのは難しいことなのです。それでも、医師や看護師は、情報を聞き出す技術を用いながら話を聞き進めていきますので、何とか情報収集はできるものなのですが、実は、本人や家族があることを心得ておけば、より円滑に説明ができて、情報提供をしやすくなるものなのです。次にその情報提供に関しての心得、工夫についての説明をしましょう。

さてその前に、医師が初めてその人を診察する際、どのようなことを念頭に置きながらその診察を進めていくものなのでしょうか。それは情報をまとめるにあたっての手順です。主訴、現在症、現病歴、既往歴、家族歴などを、その順番に聞いていくという手順です。これについては、医師のみならず看護師その他、医療従事者のほとんどが、大学や専門学校で教え込まれます。そして、仕事に就いて以来、ずっと患者やその家族などから手順通りに情報を得ているのです。ただ漫然と話を聞いているのではありません。ここで、あることを思い出してみて下さい。発熱、腰の痛み、視力の低下、歯の痛みなどで、医療機関を受診した時、診察の前に問診票の記入を求められた経験があることでしょう。その問診票がどのようなものであったのか。大体において次のようなことが質問として書いてあったはずです。

1　今日はどうされましたか。具合の悪いところを記入して下さい。

2　現在どのように具合が悪いのかを具体的に記入して下さい。

3　それはいつ頃からですか。現在までの経過はどのようでしたか。

そのほかにも、これまで大きな病気をしたことがあるか、アレルギー、現在服用している薬についてなど、さまざまなことを問診票で問われます。この問診票の記入はとても重要なもので、その後の診察の流れを決めてしまうかもしれないといってもよいものなのです。

上記の、1、2、3、以下の順番に大きな意味があります。あらためてそれらを書き換えてみましょう。

1　どのようなことで今日受診したのかに当たるのが、「主訴」です。発熱、腰の痛みといった、受診するきっかけとなっている主な訴えのことです。

2　現在どのように具合が悪いのかに当たるものが、「現在症」です。熱によってとても身体がだるく、話をするのも億劫で、食欲もない。腰がひどく痛み、歩くのに苦労する。特に立ち上がる時には、痛みが背中の方にも広がるようだ。など、今ある症状についての具体的訴えのことです。

3　そして、「主訴」と「現在症」としての苦痛や症状が、いつから始まり、どのように経過してきたのかに当たるものが、「現病歴」です。

先に述べた、医療従事者は、「主訴」「現在症」「現病歴」の順番に情報を得ていくということを振り返ってみて下さい。その順番が、状態を把握するのに効率がよく、より正確な情報が得られ、今後の治療のあり方を決めていくこと、正しい方針を下すことに繋がっていくのです。

今度は、受診する側からの説明の仕方について考えてみましょう。「そもそも具合の悪さがいつから始まって、そしてどのように経過して、その結果今このような状態、状況にあり、このようなことで困っている」という説明の仕方と、「今困っていることはこれ。現在このような状態、状況にある。そして、ある時からそれが始まって、このように経過してきたのです」という説明の仕方は、似ているようですが、大きな違いがあるのです。

それぞれの「……」の内容を、何回か比較してみて下さい。説明の順番に相違のあることに気がつくでしょう。この相違によって、情報の伝わり方が格段に違ってきます。説明する方も内容をまとめやすくなるものなのです。

医療においての治療とは、現在ある苦痛を和らげる、解消させることを目的とします。患者が一番に訴えたいものである「主訴」がまずあって、それを解消させるためにはどのような治療方法があるかを考える。そのためには、その訴えが、医学的に見てどのような疾患に属するかを考えて、具体的な症状を把握して、その経過を知ることが重要となります。医療従事者が、手順に沿って情報を聞き出す技術、それが成立する所以はここにあります。「ひきこもり」状態の経過は、とても長いものです。その間にさまざまなことがあったことでしょうし、訴えたいことも盛りだくさんあるかもしれません。それらをうまく説明して、対応方法を考えてもらえて、なにがしかのアドバイスを得られることが、受診の目的であることに異論はないでしょう。

次に、「ひきこもり」状態での受診で、「主訴」「現在症」「現病歴」の順番を守った説明の仕方について、例を挙げてみましょう。

医師に「どうされましたか?」と問われて、「もうかれこれ一年近くも外へ出られないで困っているのです」これが主訴です。これがスタートです。

すると、「どういうわけで?」と問われることでしょう。「外に出ると、ひどく緊張するのです。急に動悸がしてくるし、外に出ようとしても、ああなったら胸が苦しくなるだろう、こうなると急に身体がふらふらしてくるだろうなどと考えて、それだけでも不安になります」これが現在症です。「ほかにも、今困っていることがありますか?」と問われるかもしれません。「この頃では、風呂に入ろうとする時にも湯船の中で心臓が止まるのではないかと考えたりしてしまいます。それに考え過ぎてしまうと夜寝つきが悪くなります」これらのことも現在症です。

そして、「そのようなことがいつ頃から始まったのですか?」と問われることになるでしょう。それに対して、あとは経過を大まかに説明すればよいこととなりますが、これが現病歴です。「二年程前に、電車に乗っていて急に動悸《どうき》がしてきたのがきっかけです。心臓が壊れるのではないかとの恐怖感にとらわれました。それ以後は……」経過を話す途中で、医師に細かなことをそのつど質問されることがあれば、それについて話すことになります。

外来受診の時の訴え、説明の仕方の順番の大切さについておわかりいただけたでしょうか。受診の際に、前もってこの順番を守った手順に基づいて、これまでの経過をまとめてみるのもよいことであろうと思います。その作業をしていると、今ある状態や状況を自ずから客観的にとらえることができるようになるかもしれません。

もう一度言います。主訴、現在症、現病歴の順番を頭に置いて、「ひきこもり」状態を考えて、過去をたどってみるのです。これは決して難しいことではありません。

以上、精神医学の立場から、「ひきこもり」状態に関して書かせていただきました。どうぞ今後の参考にして下さい。

（いしざわ　たくお）

おわりに——親の願いと支援の理念

ひきこもっているわが子を前にして親として考えねばならないことは、「ひきこもり」はこの子らの自己表現(時としては異議申し立て)かもしれないと思い至れるかということです。支援には時間がかかり、家族は耐えつつ、社会的に孤立していく場合が多いのが実態です。暗い、長いトンネルに入っているようだともいえます。そんな中で、親がこの本をつくる中でつながりつつ、ひきこもりの人を支援する上で何を大切にし、何を求めていく必要があるのかを考えることができました。

①まず、「ひきこもり」の人々を正しく理解してほしいということです。ひきこもる人が内面に抱えているさまざまな困難は、外観だけからではわかりにくいということも事実です。しかしこの人々は、同じ人間です。社会参加を願っています。「特別に配慮すべき人々」だといえます。そのことを子ども・若者育成支援推進法では、「不当な差別的取扱いを受けることがないようにするとともに、その意見を十分に尊重しつつ、その最善の利益を考慮すること」(第二条)と明記しています。学校教育や、社会教育はもちろん、社会全体がこの点を深く理解してほしいと思います。

②日本国憲法第一三条は「すべて国民は、個人として尊重される。生命、自由及び幸福追求に対する国民の権利については、公共の福祉に反しない限り(中略)最大の尊重を必要とする」と謳《うた》っ

ています。

この憲法の理念を国民一人ひとりがお互いの生活に生かし、お互いをかけがえのない人生の主人公として尊重しあえる国民に成長することができるならば、「ひきこもり」の背後に埋め込まれたさまざまな暴力という「地雷」を排除できることでしょう。そうしたこともこの本の編集会議では話し合われました。こうした論議を振り返って実感するのは、「『地雷原』のような今日の社会では『ひきこもり』問題は特別な人の特別な問題ではなく、誰もがいつひきこもることになっても不思議ではない、社会全体・みんなの問題」だということです。

③Nothing about us, without us!「私たちを抜きにものごとを決めないで」。この言葉は、障害者権利条約・高齢者権利条約などで世界的常識となっています。支援の方向や制度を決めるにあたっても、当事者はもちろんですが、当事者がすぐに声を出しにくい時は、その家族、代表、さらには支援者の声を尊重しなければならないという原則です。制度的には「ひきこもり支援手帳」などの提案もありますが、こうしたことも、当事者・親・支援者の声を十分聴いて、それらを反映させてほしいと思うのです。

本書は、「はじめに」に述べたように「ひきこもり」当事者の親と支援者が作った本です。「ひきこもり」といわれる人々の家族同士が手をつなぎ、よりそい、心をほっとさせるガイドブックになっていればうれしいことです。そして、より多くの人に本書を手に取っていただき、「ひきこもり」

問題について正しく知っていただくことを心から願ってやみません。
最後に、この本づくりに大きなお力をいただき、粘り強く支えてくださった新日本出版社の角田真己氏に心から感謝いたします。

二〇一五年一月

編者一同

※この本へのご意見、ご質問、相談などについては、文書にて新日本出版社を通してお寄せいただければ、編者・執筆者の協力・分担で、誠意を持ってお答えさせていただきます。

愛媛県	愛媛県心と体の健康センター「ひきこもり相談室」	089-911-3883
高知県	高知県ひきこもり地域支援センター	088-821-4508
福岡県	福岡県ひきこもり地域支援センター	092-582-7530
長崎県	長崎県ひきこもり地域支援センター	095-846-5115
大分県	青少年自立支援センター (おおいた　ひきこもり地域支援センター)	097-534-4650
宮崎県	宮崎県ひきこもり地域支援センター	0985-27-8133
鹿児島県	ひきこもり地域支援センター	099-257-8230
仙台市	仙台市ひきこもり地域支援センター ほわっと・わたげ	022-285-3581
さいたま市	さいたま市ひきこもり相談センター	048-851-5660
横浜市	青少年相談センター (ひきこもり地域支援センター)	045-260-6615
川崎市	川崎市精神保健福祉センター (ひきこもり・思春期相談)	044-200-3246
新潟市	新潟市ひきこもり相談支援センター	025-278-8585
浜松市	浜松市ひきこもり地域支援センター	053-457-2709
名古屋市	名古屋市ひきこもり地域支援センター	052-483-2077
京都市	子ども・若者支援室 (ひきこもり地域支援センター)	075-708-5425
	京都市ひきこもり地域支援センター	075-314-0874
大阪市	大阪市こころの健康センター (ひきこもり地域支援センター)	06-6922-8520
堺市	堺市ひきこもり地域支援センター 「ユースサポートセンター」	072-229-3900
	堺市ひきこもり地域支援センター	072-245-9192
神戸市	神戸市ひきこもり地域支援センター～ラポール～	078-945-8079
岡山市	岡山市ひきこもり地域支援センター	086-803-1326
北九州市	北九州市ひきこもり地域支援センター　すてっぷ	093-873-3132
福岡市	福岡市ひきこもり支援センター「わんど」	092-673-5804
	福岡市ひきこもり成年地域支援センター 「よかよかルーム」	092-716-3344
熊本市	熊本市ひきこもり支援センター「りんく」	096-366-2220

厚生労働省は、2009年に「ひきこもり対策推進事業」を創設し、ひきこもりに特化した専門的な第一次相談窓口としての機能を有する「ひきこもり地域支援センター」を、精神保健福祉センターなどを母体に都道府県、指定都市に設置し運営する事業を始めました。

各地の「ひきこもり地域支援センター」

自治体	名称	電話番号
北海道	北海道ひきこもり成年相談センター	011-863-8733
岩手県	岩手県ひきこもり支援センター	019-629-9617
宮城県	宮城県ひきこもり地域支援センター	0229-23-0024
秋田県	秋田県ひきこもり相談支援センター	018-831-2525
山形県	ひきこもり相談支援窓口 「自立支援センター巣立ち」	023-631-7141
福島県	福島県ひきこもり支援センター	024-546-0006
栃木県	栃木県子ども若者・ひきこもり総合相談センター	028-643-3422
群馬県	ひきこもり支援センター	027-287-1121
千葉県	千葉県ひきこもり地域支援センター	043-209-2223
東京都	東京都ひきこもりサポートネット	03-5978-2043
神奈川県	ひきこもり地域支援センター	045-242-8201
新潟県	新潟県ひきこもり地域支援センター	025-280-5201
富山県	富山県ひきこもり地域支援センター	076-428-0616
石川県	石川県こころの健康センター (ひきこもり地域支援センター)	076-238-5750
福井県	福井県ひきこもり地域支援センター	0776-24-5135
長野県	長野県ひきこもり支援センター	026-227-1810
静岡県	静岡県ひきこもり支援センター	054-286-9219
愛知県	あいちひきこもり地域支援センター	052-962-5377
三重県	三重県ひきこもり地域支援センター	059-223-5243
滋賀県	ひきこもり支援センター	077-567-5058
京都府	初期型ひきこもり訪問応援「チーム絆」	075-414-4304
大阪府	大阪府ひきこもり地域支援センター	06-6697-2750
兵庫県	兵庫ひきこもり相談支援センター	078-965-1122
和歌山県	和歌山県ひきこもり地域支援センター	073-435-5194
鳥取県	とっとりひきこもり生活支援センター	0857-20-0222
広島県・広島市	広島ひきこもり相談支援センター (中部・北部センター)	082-893-5242
	広島ひきこもり相談支援センター (西部センター)	082-942-3161
	広島ひきこもり相談支援センター (東部センター)	0848-66-0367
山口県	ひきこもり地域支援センター	0835-27-3480
徳島県	ひきこもり地域支援センター「きのぼり」	088-602-8911
香川県	香川県ひきこもり地域支援センター「アンダンテ」	087-804-5115

第2部執筆者一覧

高垣忠一郎……心理臨床家。登校拒否・不登校問題全国連絡会世話人代表。『登校拒否を生きる』（新日本出版社）、『癌を抱えてガンガーへ』（三学出版）など著作多数。

青木道忠……NPO法人子ども・若もの支援ネットワークおおさか理事長。大阪福祉事業財団理事。『発達のつまずきによりそう支援』（かもがわ出版）、『いのち輝け』（福祉のひろば）など編著書多数。

井口真紀……スクールソーシャルワーカー。元高校教師。

古庄健……社会福祉法人つむぎ福祉会（大阪）で「青年自立支援センターゆう」支援員として勤務。若者支援全国協同連絡会議事務局。

石澤卓夫……精神科医師。石澤診療所（長岡京市）で診療に従事。

青木道忠（あおき・みちただ）
1944年大阪府生まれ。NPO法人子ども若もの支援ネットワークおおさか理事長。元障害児学級教師。「第2部執筆者一覧」も参照。

関山美子（せきやま・よしこ）
静岡県生まれ。社会福祉士。社会医療法人社団千葉県勤労者医療協会内在宅介護支援センター長。

高垣忠一郎（たかがき・ちゅういちろう）
1944年高知県生まれ。心理臨床家。京都大学助手、大阪電通大学教授、立命館大学大学院教授（2014年3月退職）などを歴任。「第2部執筆者一覧」も参照。

藤本文朗（ふじもと・ぶんろう）
1935年京都府生まれ。滋賀大学名誉教授。博士（教育学）。全国障害者問題研究会顧問。『ベトとドクと日本の絆』（新日本出版社）、『座して障害者と語る』（文理閣）など著作多数。

ひきこもる人《ひと》と歩《あゆ》む

2015年2月20日　初　版

編著者　青木道忠　関山美子
　　　　高垣忠一郎　藤本文朗
発行者　田所　稔

郵便番号　151-0051　東京都渋谷区千駄ヶ谷4-25-6
発行所　株式会社　新日本出版社
電話　03（3423）8402（営業）
　　　03（3423）9323（編集）
info@shinnihon-net.co.jp
www.shinnihon-net.co.jp
振替番号　00130-0-13681

印刷　亨有堂印刷所　　製本　光陽メディア

落丁・乱丁がありましたらおとりかえいたします。

ISBN978-4-406-05883-4 C0037　Printed in Japan